中国古老文化寻踪
隋唐记忆

[日] 刘宏军　编著　　[日] 刘宏军等　供图

中国科学技术出版社
·北京·

总　序

　　人类文明的演进是一部文化史，也是一部科技史。在科技革命前的几千年里，文明的发展是分区的、渐进的，缓慢前行，凡是有着悠久历史的民族，都积淀下丰厚的文化结晶。到了近现代，因科技的爆发式发展，经济迅猛增长，全球化整合加速，整个人类文明迎来了前所未有的大变迁时代。那些曾经传承在各民族、部落，体现在艺术、工艺以及人们日常生产生活方式及行为中的文化瑰宝，在几千年历史的波澜中经历了考验，却可能在整体文明变迁中失去存在的基础。

　　有句老话说：民族的，才是世界的。但今天的现实是，全球化同化着人们的生活，也弱化了支持民族古老文化的基础。摆在面前的课题是：如何保住民族的文化？如何维系全球文化的多元生态？面对逐渐消失的五千年中国古老文化，我们能够做些什么？《中国古老文化寻踪》丛书的一个"寻"字，是非常值得推崇的。

　　寻，是一种态度。丛书的作者们将目光投向目前还活着但正在或很快会消逝的民族文化精品，诸如传统的手工艺、民俗、古乐舞、古乐器、皇家园林、市井风情、村落生活，等等，它们看起来彼此独立，但从内在看，同样扎根于古老的文明。丛书视野开阔，从皇家宫殿到市井胡同，从隋唐乐舞到历朝乐器，从京剧艺术到藏族神舞，从部落祭祀到清茶一杯，这"寻"的眼光无所不至，唯民族的精神是从。

　　寻，是一种价值。以四川夹江马村一带的造纸术为例，那里自古以来造纸业非常兴旺。其传承千年的手工造纸法，几乎原版再现了蔡伦的造纸术。夹江手工造纸术系国家级非物质文化遗产。这种以独特视角真实记录民间工艺的作品却有着艺术审美与经济文化的双重价值。又如藏族的羌姆舞蹈，从舞蹈内容上来说虽源于祈求神佛驱除恶魔，但从民族心理文化的深层次来说，却表现出人们期望驱逐浮躁杂念，回归心灵平静的追求。有人说，攀登高山，是因为山就在那儿。我相信，古老文化的记录者们有着同样心结。

寻，是一种方式。早在十几年前，刘晓峰同志就计划构思拍摄"现代的古老"大专题，希望通过挖掘现代生活中古老的文明，以及古代与现代有联系的事和人，比如传统工艺、非物质文化遗产等内容，启发当代读者的文化自觉。摄影者对题材与拍摄角度的选择，其实也是其世界观的一种表达方式。我感到，丛书的工作其实代表了一批农工民主党人的文化自觉。在新的历史时期，他们自觉承担起了保护民族遗产、弘扬中华文化的历史使命。与此同时，中国科学技术出版社多年的精心策划、酝酿与组织，一大批专家、摄影师们长期的积累与饱含深情的工作，则成为丛书得以完成的现实基础和不可或缺的前提。

　　用影像探寻文化形态，以文字揭示内在价值，《中国古老文化寻踪》抢救的是中国传统文化的"活的基因"。科技推动了社会变迁，科技也给了我们搜救的手段，我们需要发动各方面力量，用高科技方式，以最高技术格式记录下这些"活的基因"，承接祖先的血脉，并世代相传。这也是实现"中国梦"的重要组成部分。

前　言

　　今天海内外的华人们，言必称华夏儿女，为中华文明博大精深的优秀传统而自豪不已。我们的祖先为人类文化的发展确实做出了伟大的贡献。殷虚甲古文的考古发现，说明中华文明最早一批脱离了结绳记事的层面，创造了象形文字，这是人类不朽的文化构建之一。夏、商、周的文物则代表了那一时代世界最高的器物制造水平。那些优美、富有想象力的形象说明，我们的祖先在艺术创造上很早就已居于成熟文明的水准。

　　至于其后的春秋、战国、两汉等朝代，中国文化的发展，在独特的风格上一脉相传，在社会层面上则推广到社会各阶层，反映出不同社会阶层的风貌，堪称内容丰厚，百物灿烂。内部的繁荣也带来与外部交流的自信，汉武帝遣张骞一行出使西域，使强兵打通河西走廊，开辟丝绸之路，打通了中国通向西亚、北非和欧洲的道路。印度的佛教文化东传，伊朗的金银琉璃艺匠风行于汉土，中亚的水果菜蔬改变了汉人的饭桌，人们的服装风格也吹进了胡风。甚至于，西域的良马进口到内地，增强了中国军队的力量。与此同时，中原的丝绸源源不断地输出，也为当时的西方世界送去了中国文化的器物和审美趣味。

　　隋朝虽然短暂，但文帝的政权已接收了丝绸之路的成果，并为大唐盛世奠定了基础。隋朝已形成七部乐，后期发展为九部，而到了唐代，又由九部发展到了十部。而十部乐里也包含了周边诸国的一些外来乐种，如：天竺乐、疏勒乐、龟兹乐、高昌乐等。

　　初唐的君主贤明通达，国家风气开明，长安成为国际化的都市，大批的外国人向往着这片乐土。在中外的文化交流中，盛唐的许多先进政治、经济、文化和思想，以及技术的信息传播于四邻，各种器物远播于东瀛和西亚、南亚。国际化的开明政策带来了内部文化创造力的大爆发，各类精美的器物、工艺、服饰以及各类艺术形式层出不穷，它们丰富了贵族们的精神生活。华美衣饰、宫廷器具、庙宇佛具、生活用品、艺术道具，等等，种类繁多，视觉和使用效果震撼人心。它们就是隋唐生活的真实体现，也是我们记忆中追寻的失落的魂魄。

在今天这样一个中华文明复兴的时代，我们应当研究、继承这些不朽的遗产，进而为时代的发展提供精神的动力。日本在唐代曾经全盘学习中国文化，一定程度上接受了隋唐文化的衣钵，所以现在有很多器物和艺术形式在日本还活生生地存在着。这其实是隋唐文化的活标本，可以为我们研究和复原隋唐文化提供很好的参考和借鉴。本书自日本收集积累图片资料的初衷，也正是基于这种考虑。本书有些图片资料时代久远，图片质量较差，有些已是孤片，再收集难度很大，在此请读者谅解。

　　在此，首先感谢中国科学技术出版社出版发行这套有着珍贵历史价值的图像资料，促使了古代重要的文化艺术信息能够早日普及于世。感谢我的友人米田雄介博士，因他长年对于我的工作给予支持和帮助，才顺利地进行了与此有关的研究。我的友人张明舟先生具备民间大使级的慧眼，连接了此书的出版机缘。感谢老友许红婴女士，她以求真的态度，为此书的文稿提出了宝贵的意见。还应感谢为书稿的整合不辞辛苦的编辑们，她们以不可否认的耐力尽职尽责。

　　本书的资料得到有关机构和著作权、肖像权单位的理解和支持，才有幸出版面世，在此一并感谢。

刘宏军

目录 | Contents

目录|Contents

兰陵王面具

兰陵王

据传北齐时（公元 550—577 年），受封于兰陵（江苏吴国地名，今日犹存）的武将高肃，面容俊秀，才智武勇。他在战场上发现，士兵们总想多看几眼自己的面容，干扰了士气。于是，他戴上面具上阵，面具形象奇幻狰狞，不但鼓舞了己方士气，而且对敌方产生了恐吓和震慑作用。故事传播开来，后人编成乐舞，上演至今。（兰陵王的墓地据传在河北省邯郸市南部的磁县刘庄）

兰陵王面具侧面图

皇仁庭面具

贵德面具

皇仁庭／贵德面具

　　皇仁庭乐舞是唐传十部乐里的高丽乐，全曲的乐段里包括中曲、破、急曲。破的乐段序吹四拍子，曲长为二十拍子；急曲为十四拍子。舞容稳健，由四人表演。

　　贵德的别名为贵德侯，汉朝时，匈奴的先贤向汉降服，受到招安，最后封其为贵德侯，此后他服务于朝廷，此节目为一人表演的独舞。

八仙冠与面具

　　"八仙"又有"昆仑八仙"之称，别名鹤舞，在唐代十部乐里属于高丽乐。这是由四人为一组的乐舞表演节目，舞蹈形象新奇。传说这种鸟精灵是吉祥物仙鹤的变身，人们相信它会带来长寿和吉祥，属于禽族精灵保护神。

胡德面具

胡德乐舞为高丽乐，唐乐的十部乐之一，公元834—848年被改编而成。它的舞容平稳，由四人表演，是一出劝酒、醉酒时的滑稽表演节目。

雌狮子面具

🔲 雄狮子面具

🔲 雌狮子与雄狮子面具

日本正仓院保存的狮子面具，刻画了由西域传入中国内地耍狮子舞的面具形象，白居易和元稹等诗人在诗句中，曾绘声绘色地给予描写，狮子舞是现代狮子舞的前身。

吴女面具

　　吴女与迦楼罗的面具，由隋朝百济人的未摩之在吴国学习后带回百济，又带到大和的都城奈良，在圣德太子的支持下，传给了那里的少年们，奈良的历史遗迹留有记载。

迦楼罗面具

　　"迦楼罗"即古代神话小说里的鸟神形象，是佛教"天龙八部"中的一部。迦楼罗喜食毒蛇害虫，其后成为佛教护法神，而为人间造福。这是一具雌鸟迦楼罗假面具，为近代复制。

力士

传说"力士"是佛教世界里的护法神之一。 他看起来力大无比，会毫不留情地惩治恶人，与金刚一起护佑着佛界的平安。人们借他的形象，表达对邪恶势力的憎恶与鄙视。

醉胡王

　　醉胡王是汉唐时期传入中国的古代波斯人。那时的波斯人，随着丝绸之路的开通，前来中国经商和生活。故事描绘了醉胡王与他的一群随从醉酒的模样，表现了异邦人的快乐风趣形象。

安摩舞图

这出舞蹈，来源于中国东北和朝鲜半岛的故事，是渤海乐里的一个节目。渤海乐里流传下来的有新靺鞨、安摩、苏利古等舞蹈。当时，人们用纸张或布料做成简洁的假面具，在宫中表演，跳舞装束很讲究。这是一种带有滑稽性因素并有礼节性的表演。

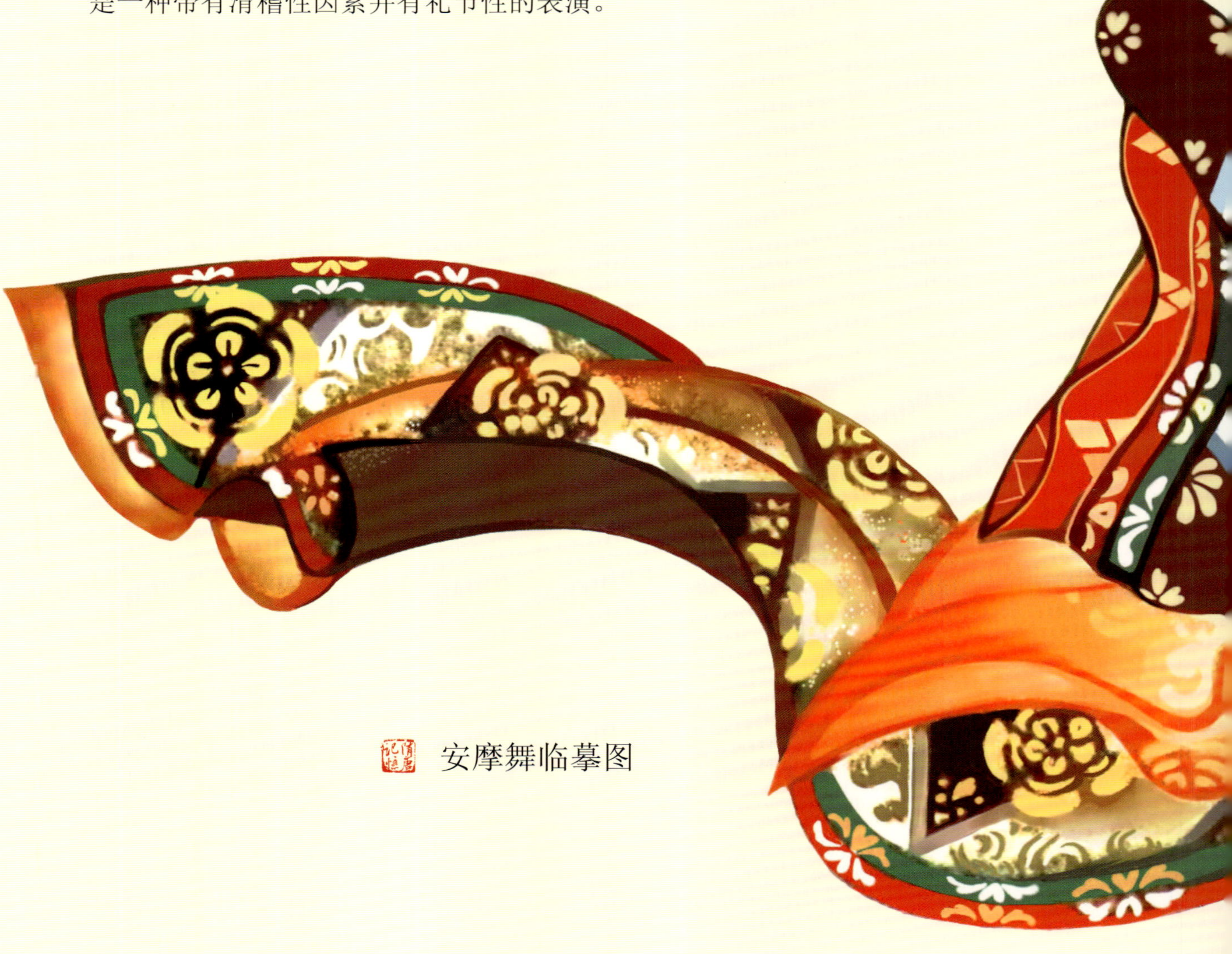

安摩舞临摹图

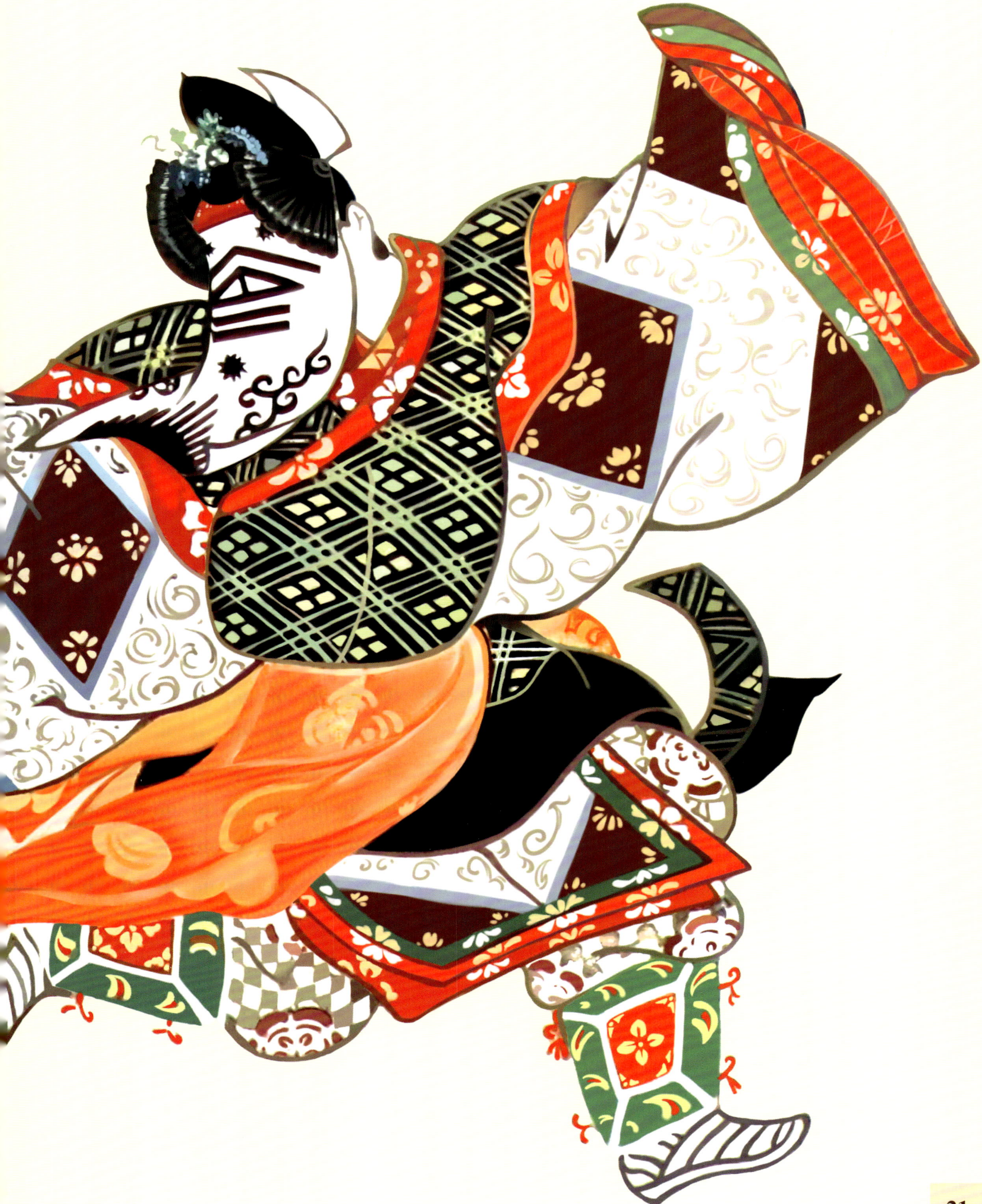

苏利古乐舞图

　　这出舞蹈，来源于唐代中国东北渤海国的故事，是渤海乐里的一个节目。渤海乐里流传下来的有新靺鞨、安摩、苏利古等舞蹈。当时人们用纸张或布料做成简洁的假面具，在宫中表演，跳舞时的装束很讲究。

陪胪乐舞图

　　由天竺的婆罗门僧正和林邑的佛哲于公元 736 年传来的舞蹈，表现勇士腰佩刀，手持以鉾和盾的武具，在战场上拼搏。

新靺鞨乐舞图（临摹）

新靺鞨乐舞图

唐代东北地区靺鞨人表演的乐舞节目。舞者戴着大耳黑帽，穿着长袍肥裤，脚蹬黑靴，两人着红色衣服两人着蓝色衣服，敬拜天地。它属于古代渤海国的一出著名乐舞。表演含有某种滑稽因素，但它其实是一出颇有礼节斡旋性的表演节目。

新鞨鞨乐舞图（临摹）

林歌乐舞图

　　林歌是大唐高丽乐里的一出节目。相传是名叫下春的人所创作。舞者身穿带有老鼠花纹的衣服，可能以民间传说中的"鼠兆丰年"故事编成此舞，喻示吉利。音乐是短小的平调乐曲（相当于 G 调），此舞别称为"林贺"与"临河"。

林歌乐舞图

兰陵王乐舞图（新绘）

兰陵王乐舞图

兰陵王乐舞讲述的是唐代武将王长恭的故事，讲述的是古代战场上所发生的事情。上图为画师朱伟康氏经过研究所创作，描绘了乐舞表演的场面。

兰陵王乐舞图

黑白线描的图案，是保存至今的古画图，它描绘了兰陵王的舞台表演姿态。

埴破乐舞图

埴破乐舞图

相传周幽王时期，于埴破县曲水的宴会上，开始表演此乐舞，高丽乐中也传有此节目。舞者手持埴球起而舞之。埴破乐舞由三名舞者为一组进行表演。

胡德乐舞图

胡德乐舞图

　　胡德乐舞为高丽乐，唐乐的十部乐之一，公元834—848年被改编而成。
舞姿平稳，由四人表演，是一出劝酒、醉酒时的滑稽表演节目。

苏合香乐舞图（临摹）

苏合香乐舞图

苏合香乐舞图

苏合香本为草药名。传说古印度的阿育王身患重病，多方用药不愈，用苏合香熬药服用，才治愈了顽疾。后人据此故事情节创作成乐舞苏合香，在唐代的宫廷中表演，从而流传下来。

春庭乐舞图（春庭花）

春庭乐舞图（春庭花）

春庭乐是唐代的名舞曲，又称春庭花。传为陈兴公创作，据说是表现立春当日在春宫进行演奏的唐乐舞曲。用黄钟调（相当于 C 调）演奏，由四人表演。第一段为舞蹈"春庭乐"，第二段舞为"大朵花开满庭芳"。

地久乐舞图

地久乐舞图

"地久"是渤海乐里的一个节目，属唐代十部乐的高丽乐种，也是催马乐的一出节目。面具的表情比较温良和善，属于文舞节目，演奏曲目采用的是准大曲，包括出场时的序曲（引子）、曲破（乐曲展开部）、曲急（快速节奏乐段）。舞者佩戴着高鼻假面具和盛装表演，并有乐谱传世。

打球乐舞图

打球乐舞图

　　此节目据传本为黄帝所作，现已知乐曲为胡国乐。打球技分为团体参与的马上技和地上技，这是常于新春之际举行的常规娱乐活动，为当时的人们所熟悉。

春莺啭舞图

传说公元 649—683 年时的某一天，唐高宗突然听到莺鸣的悦耳声音，便命宫廷里西域出身的乐官白明达，模仿莺的鸣啼声写成音乐，因而曲名便被称为春莺啭。原来为四个大曲，现在只有一曲传下来，是分为游声、序、飒踏、入破、鸟声、急声和壹具的整套三十多分钟的节目。女性表演时由十人甩着袖子跳舞，而男性表演时则为六人。

昆仑八仙乐舞图

又有"昆仑八仙"之称，别名为鹤舞，是由四人为一组表演的乐舞节目，它令人们甚感新奇。这种鸟精灵是吉祥物仙鹤的变身，是为人们带来长寿和吉祥的禽族保护神。

迦陵频舞图

迦陵频舞图

　　唐高宗和武则天时期，宫中的女童们所表演的舞蹈。美丽的舞服和饰物，花色美观，舞者的舞姿可爱，因而很受大人们的喜爱。据传是唐代的林邑八乐之一。

蝴蝶舞图

蝴蝶舞图

"蝴蝶"为迦陵频的对舞，往往在迦陵频的乐舞表演结束后，蝴蝶舞继而出场。蝴蝶舞也是宫中的儿童表演节目，在唐高宗和武则天时期，受到大人们的喜爱。传说舞蹈的内容为表现胡国的蝴蝶快乐飞舞的样子。

青海波舞图

传说天竺僧路经青海湖时，看到那里的景致绮丽无比，感动无限。著名西域作曲家白明达据此创作了该曲，白明达先后为隋唐两朝的皇家服务。

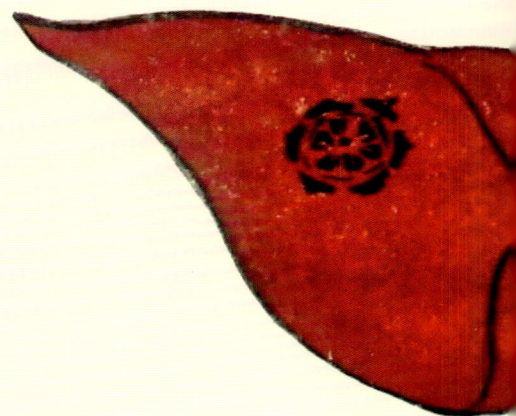

胡饮酒舞图

　　据传是班蠡的作品，林邑八乐
之一，内容为胡人醉酒形象。

胡饮酒舞图

贵德乐舞图

贵德乐舞图

贵德是一位猛将，贵德乐舞为宫廷武舞节目，是具有勇将气概的乐舞。贵德的别名为贵德侯。汉朝时，匈奴的先贤向汉降服，受到招安，最后封其为贵德侯，此后他服务于朝廷，此节目为一人表演的独舞。

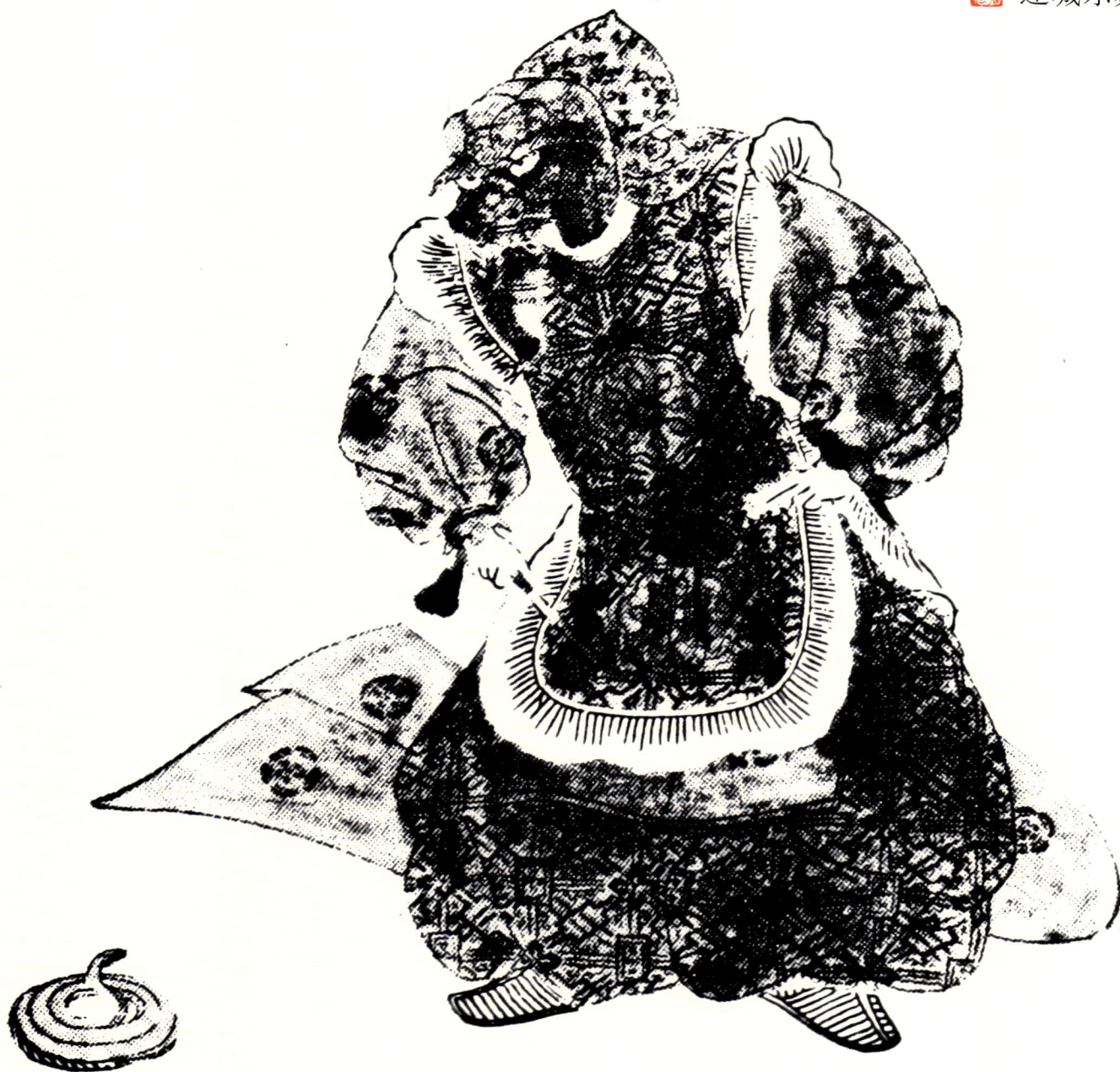

还城乐舞图

　　这是描绘唐明皇还城讨韦后的场景，人物形象为圆睛直瞪、铜牙张口、青筋外露、鼻孔朝天、怒不可遏。

宫中群舞图

　　这幅图画，将唐代著名的乐舞和演奏的人物，集中地在一幅画面上展现出来，而最前面表演的舞蹈为青海波，由右向左依次为乐官、笛师、筚篥师、笙师，其后的三人为舞者。

宫中群舞图

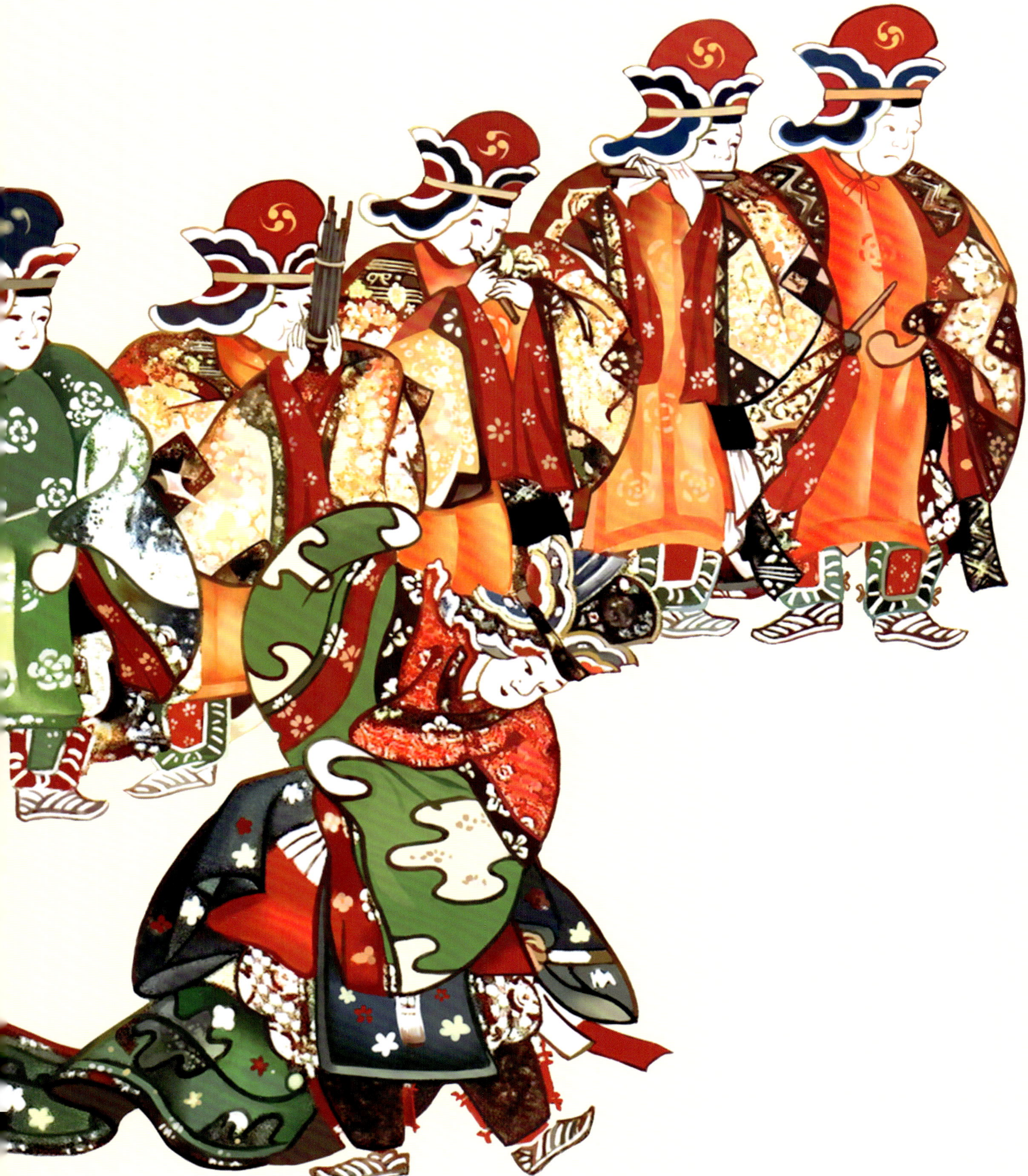

唐墓壁画

　　在这些地下墓葬的壁画上，有死者生前喜好的各种乐舞表演场面，乐伎们或吹尺八，或吹横笛，或吹排箫，也有的扭起腰身跳着优美的舞蹈，还有手持拂尘侍奉主人模样的侍女。这是皇门贵族死后才能享有的陪葬物。壁画中人物服饰着色的特点是红绿相间，也有些穿着黑红白相间的长裙与红色短袄。

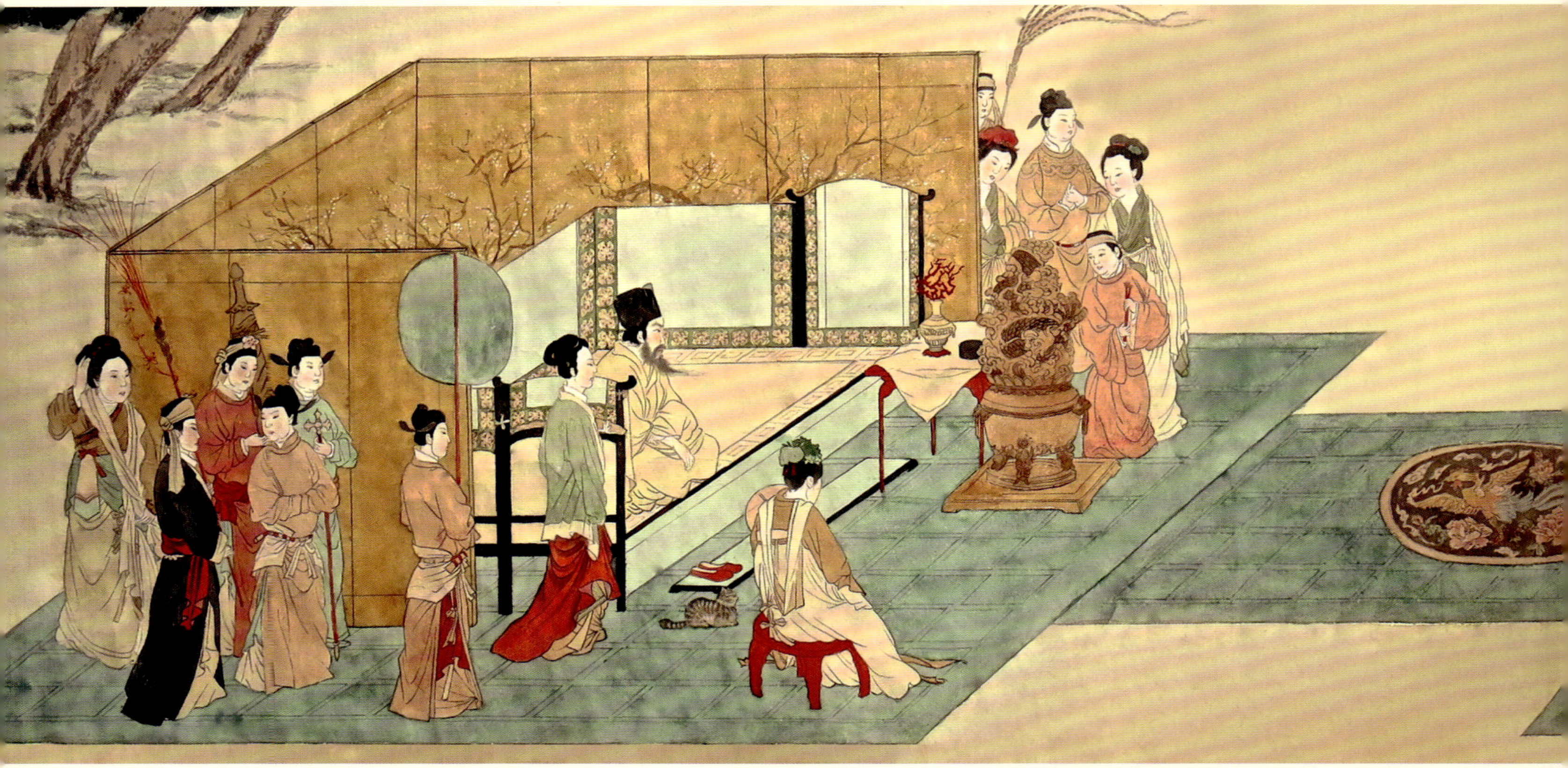

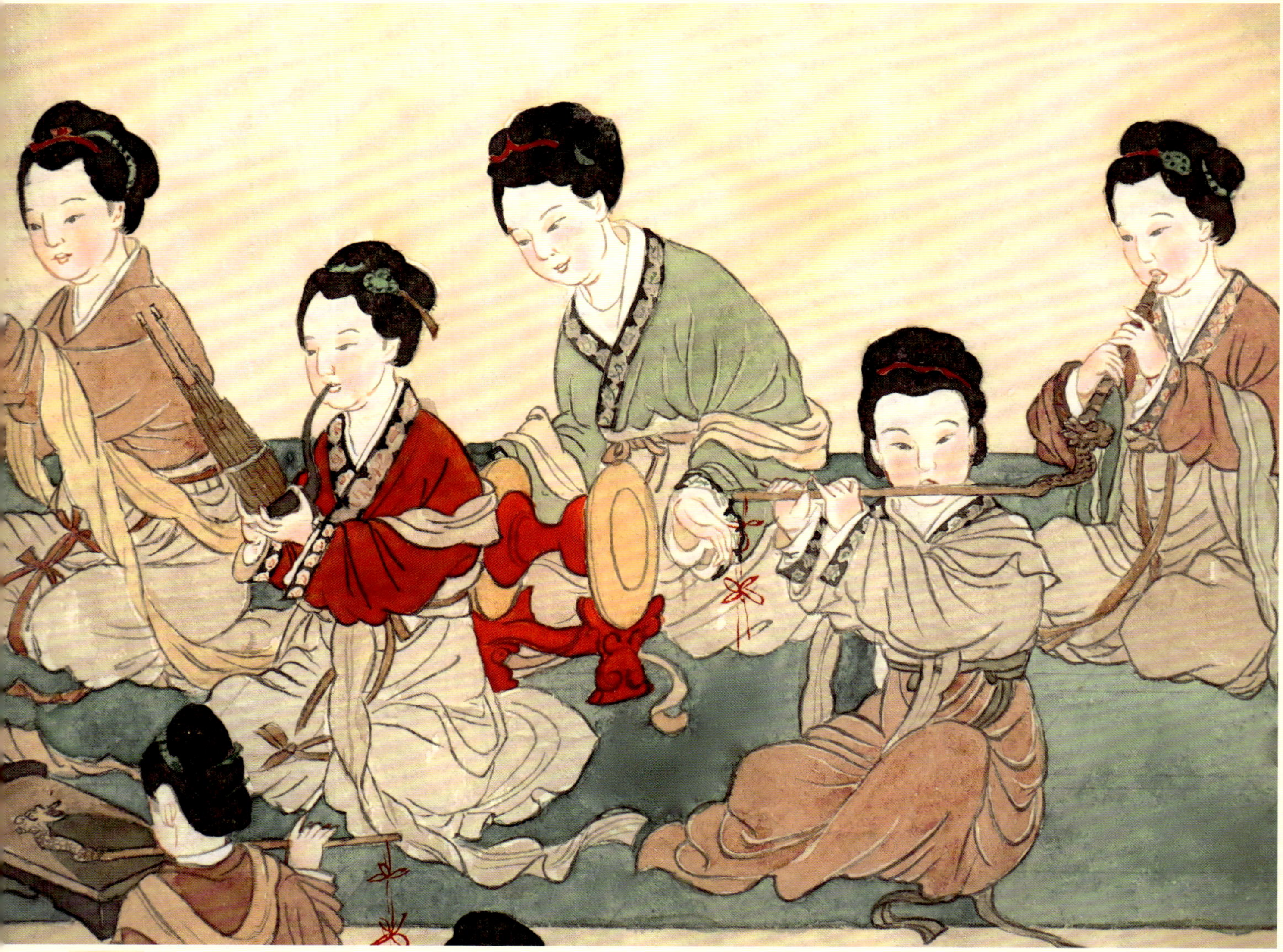

唐周文矩合樂圖舞六神品

周文矩合乐图

　　周文矩合乐图，是唐代一横幅长卷的名画，宋徽宗在卷尾留有题词，题词为"唐周文矩合乐图无上神品也"。图案上是一组双管、双弦及双方响、双腰鼓和拍板的女乐，乐队的尾部有一位乐手似在奋力敲击建鼓。而主人应是一位很有权势的人物，盘坐在席上欣赏着乐队的合奏。（注：此画流失国外，经工艺美术家朱伟康氏的精心临摹，呈现于今人面前）

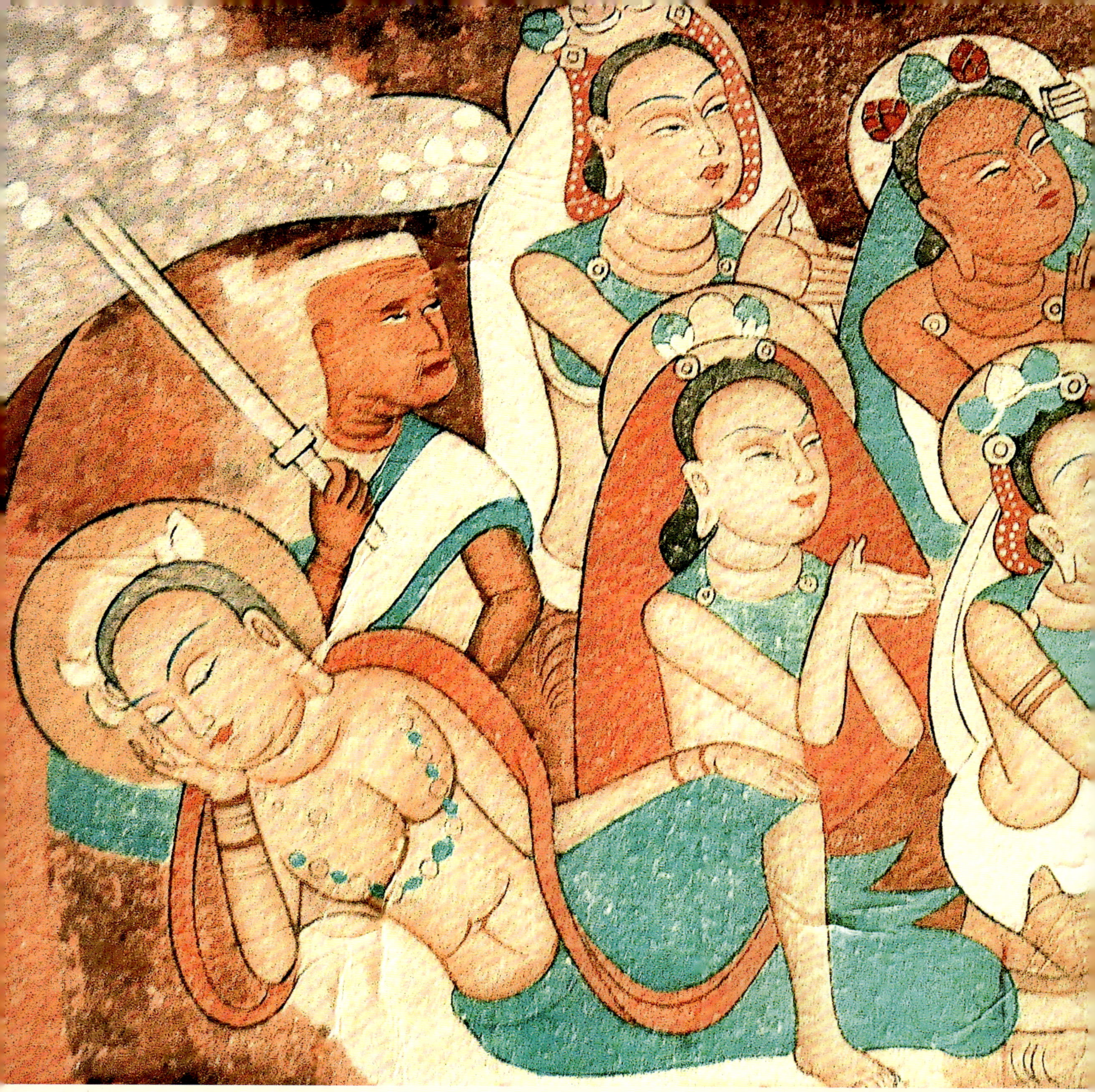

高昌舞剑图

　　这幅壁画是吐鲁番千佛洞的局部图，站立的舞女手持双剑起舞，其中的几名女性以双手打着拍子为其助兴，两位男性参与其中，一人双手打拍，一人举着剑似乎正在休息观舞。另一名女性侧卧一端，昏昏欲睡，而右侧坐在高凳上的女性，右手持一荷花若有所思。全图内容被认为表现的是西域佛教传入后的故事，而他们的相貌并非西域胡人，似内地汉人西迁的面相。

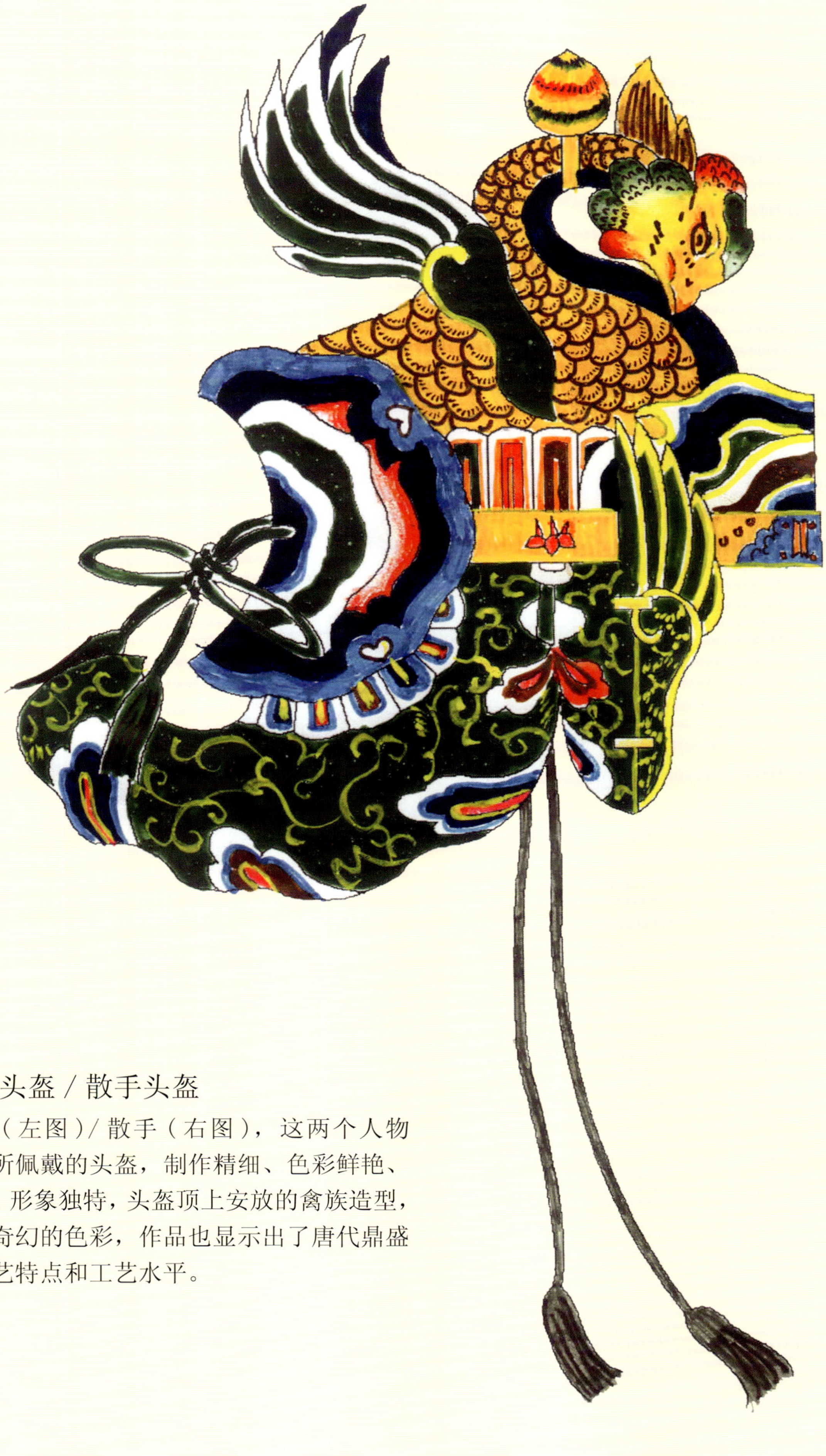

唐代乐舞头冠式样

贵德头盔／散手头盔

　　贵德（左图）／散手（右图），这两个人物的表演者所佩戴的头盔，制作精细、色彩鲜艳、装饰华贵、形象独特，头盔顶上安放的禽族造型，具有神武奇幻的色彩，作品也显示出了唐代鼎盛时期的工艺特点和工艺水平。

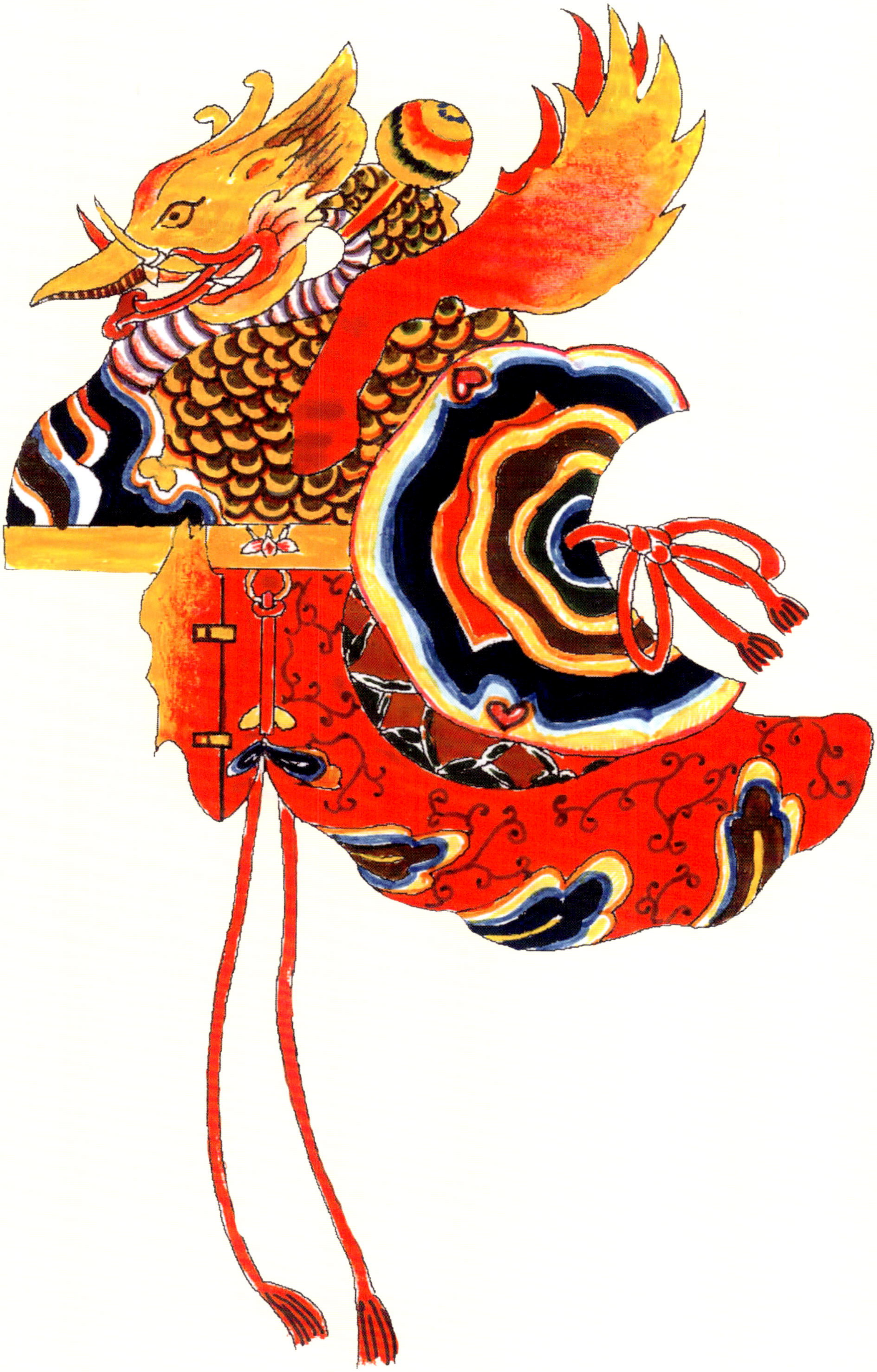

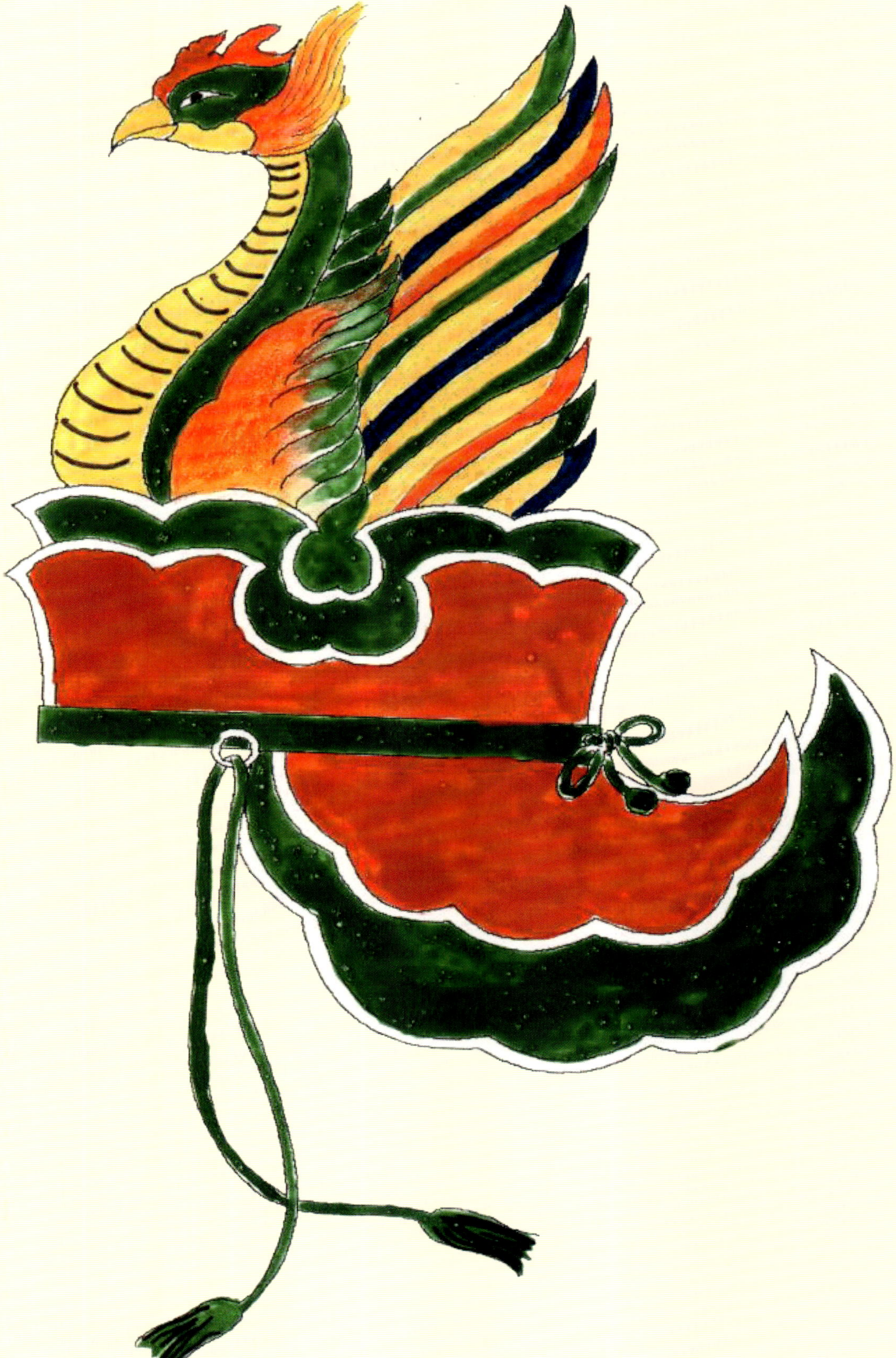

唐代古乐舞头冠帽饰

　　这些头冠帽饰，形象地描绘了各种人物的性格和角色特点。它们都是顶级的宫廷演艺装饰，是传承后世的经典作品。

乐舞服饰装饰纹样

这种奇幻的舞蹈装饰物，反映了唐人的想象力和创作力并没有过时，其卓越水准让今人也感到难以逾越。这是使用现代技术绘制复原的，形象基本忠于原物。

太平乐肩饰（临摹）

精美奇幻的太平乐肩饰，作为乐舞表演人物肩部的装饰物。

太平乐的龙纹图

　　舞衣上布满刺绣图案，云纹多彩多姿，中心部的龙图团花具有很强的表现力。舞者身披裲裆（贯头衣），胸前装饰着这种锦绣华丽的纹饰，象征着角色是皇族身份。

太平乐带饰

　　左右页图为精美奇幻的太平乐带饰临摹图，作为乐舞表演人物的腹部护饰物。

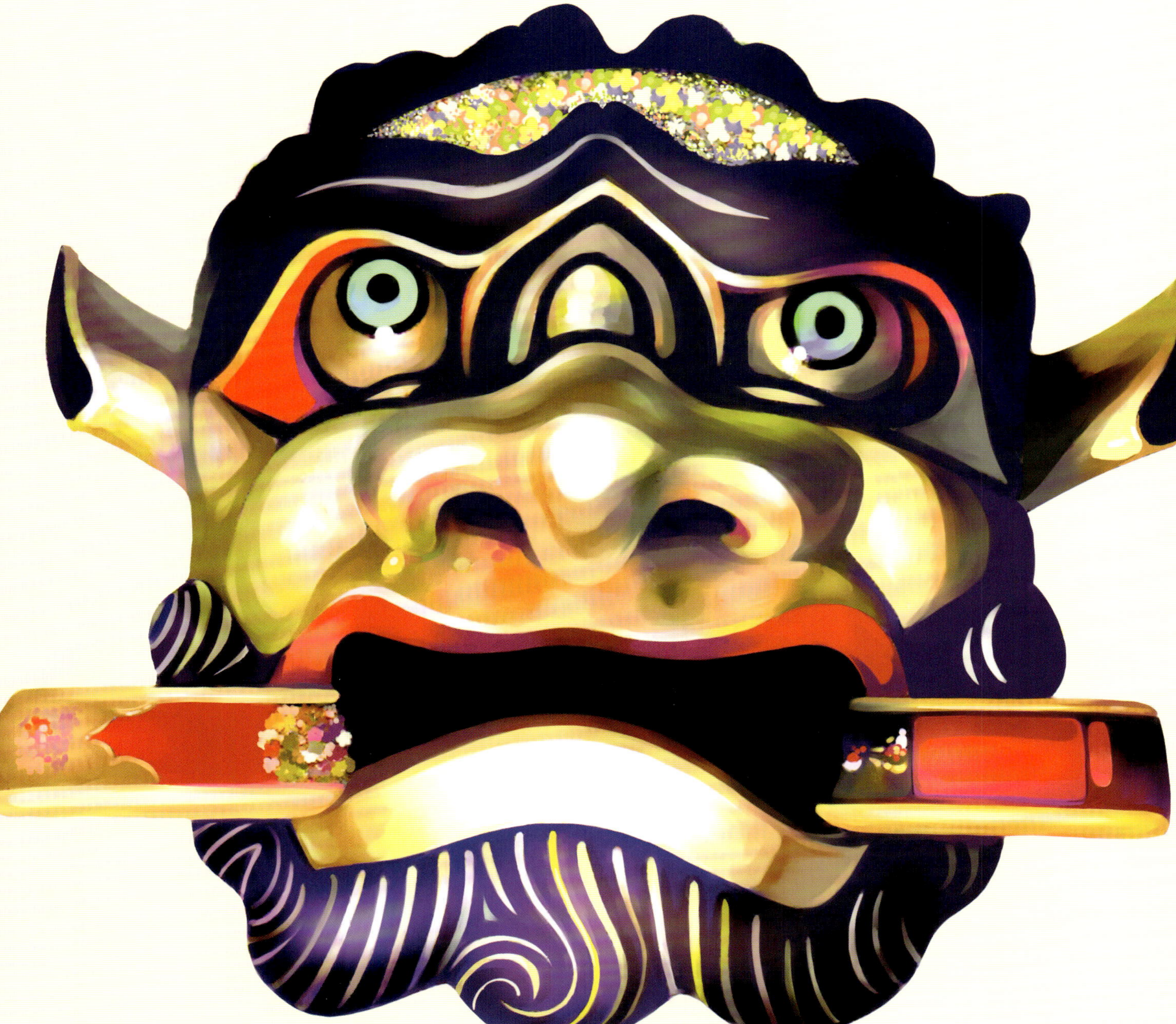

精美奇幻的太平乐带饰临摹图，
作为乐舞表演人物的腹部护饰物。

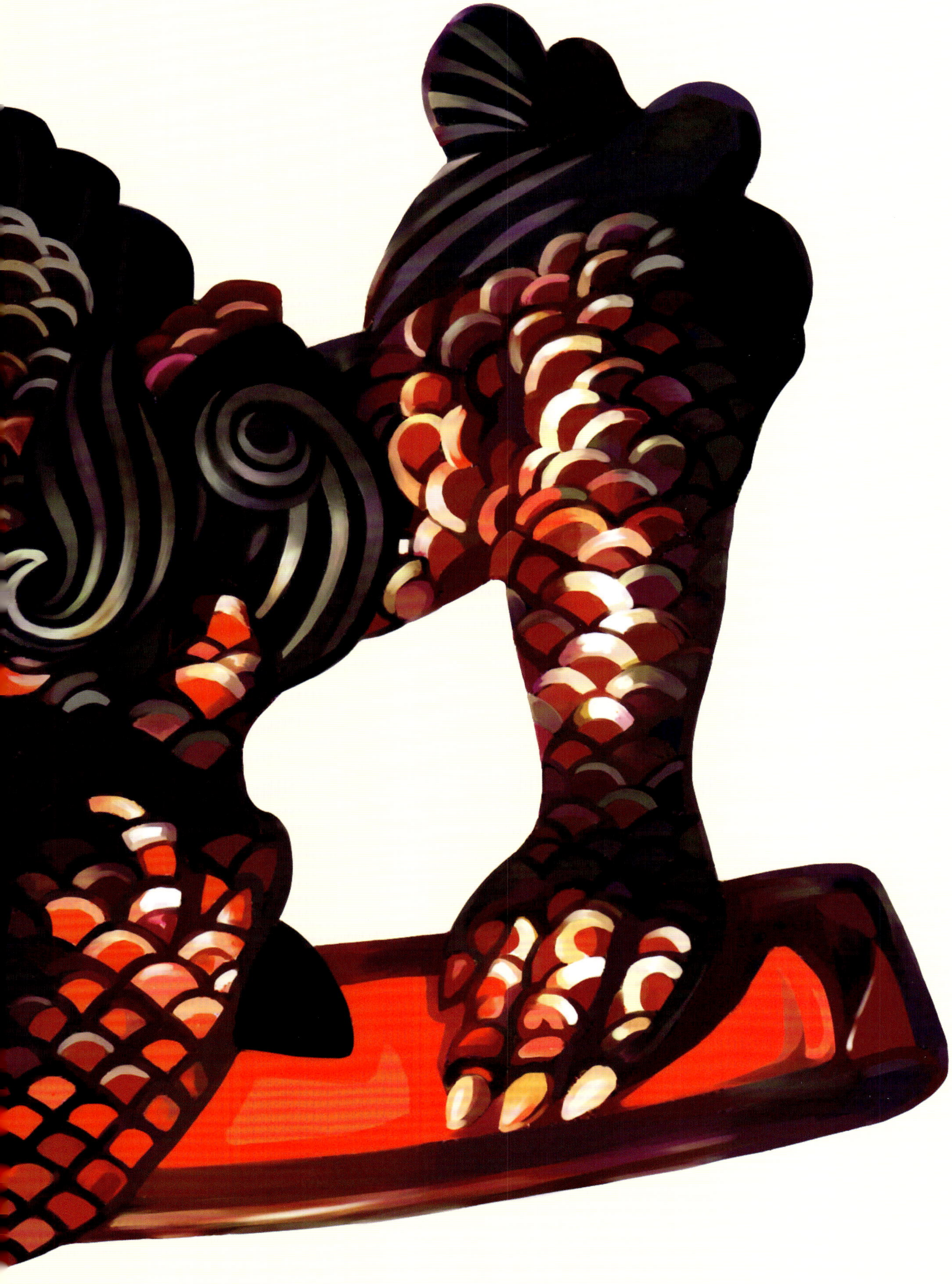

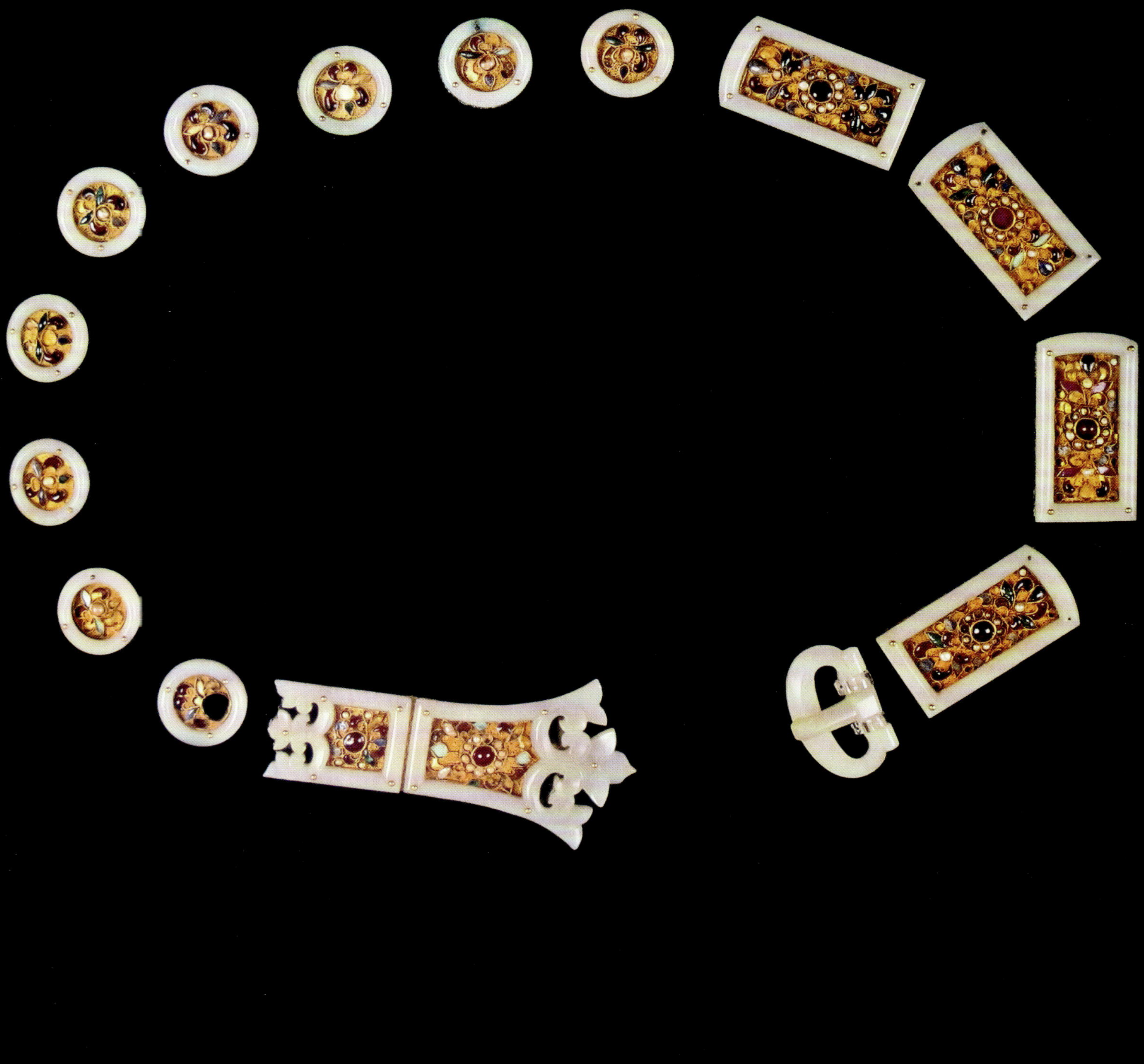

金玉腰带

这些王侯们使用的腰带玉雕装饰，是精心制作的实物遗存，有的在玉雕饰物上嵌花鎏金和镶嵌宝石，有的在玉雕饰物上制成各种伎乐演奏的浮雕人物形象图，这种水平的工艺用品，只有王侯们才可以享用。

玉镯

　　玉镯整体造型高贵，所使用的材料似羊脂白玉，并且可以分段衔接在一起，使用方便轻松，衔接处的金质饰物华丽贵气，实属珍品。

马鞍

公元8世纪的马具，马鞍的特点是：居木（马鞍木架）用材为栎木；铁制脚蹬涂有黑漆，鞍褥为染色花纹皮革，造型优雅，似唐代大陆时期的风格。鞍型体现了设计者对于安全的考虑，做工精细。

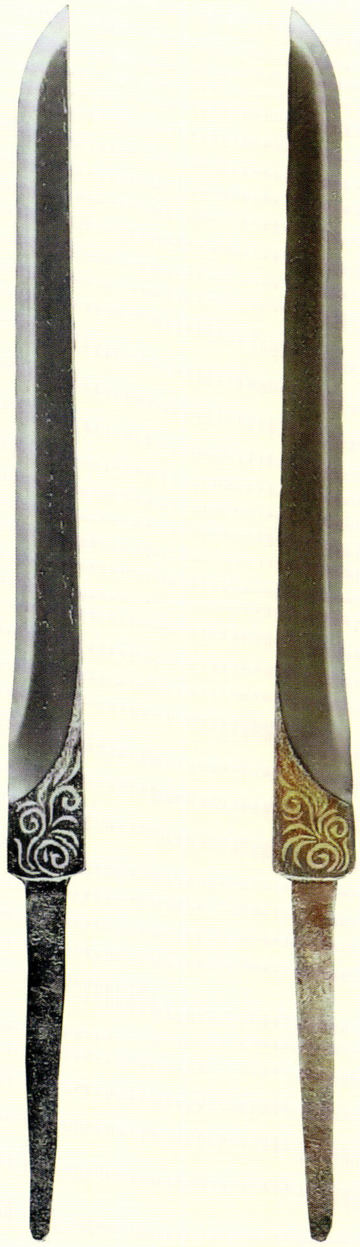
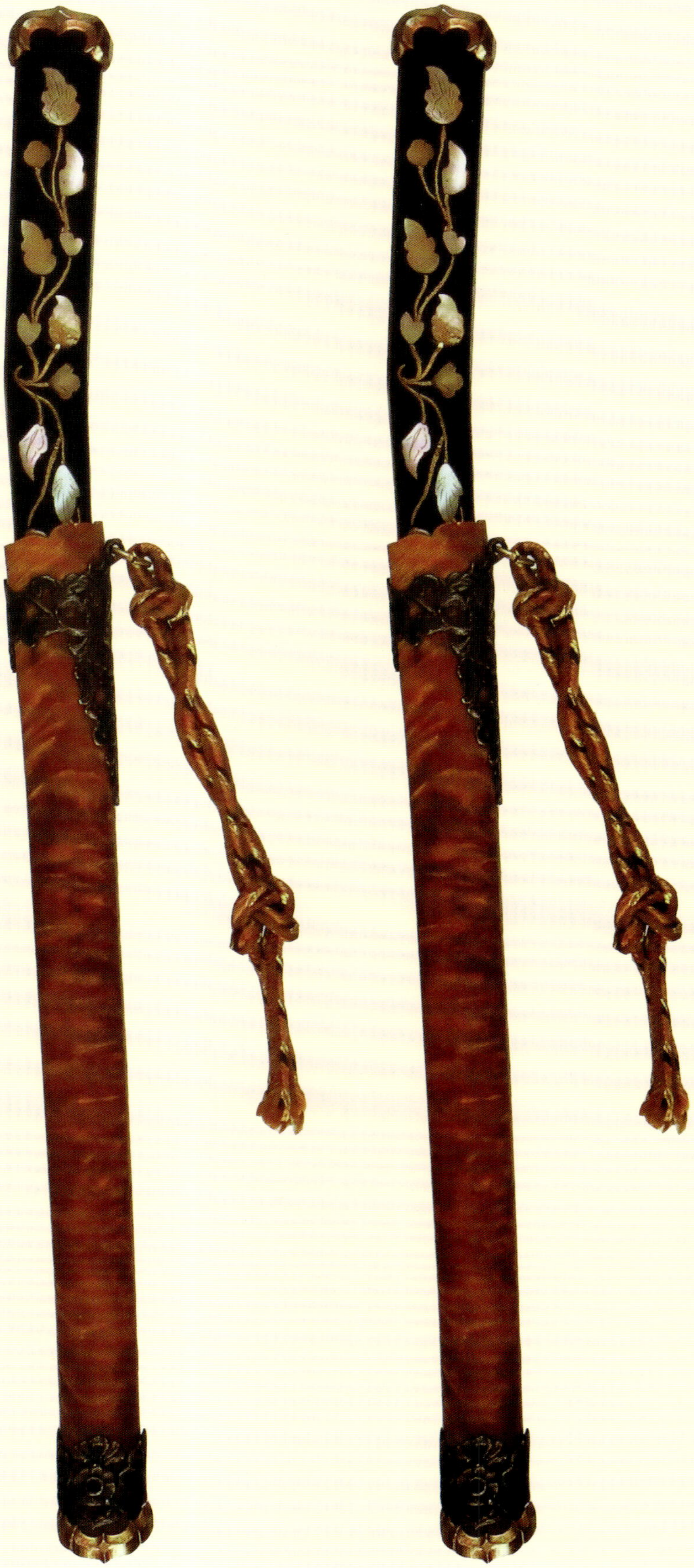

唐代腰刀

腰刀多数本来用于削切纸张、布类等，或用于把笏的表面上书写的文字削掉，也可以悬挂在腰带上作为装饰。刀把、把口、鞘口、鞘尾及带执金具等处，常用犀角、象牙、金、银材料进行细工技术装点，以彩色珠玉或螺钿等工艺手法将腰刀装饰得华美至极，刀的锻造技术也极其高超，唐代欧阳修等著名诗人也有赞美腰刀的诗文流传下来。

乐舞袍

乐舞袍遗存

　　唐代初期的长袍多为紧袖和圆领的款式，花纹与造型也开始吸收外族的风格。宫廷乐舞演艺服饰多彩而雅致。

乐舞紫地半臂袄

乐舞紫地半臂袄款式时尚，敞口的短袖便于表演。

笛师长袍

紧口的袖子便于演奏，花纹素雅，款式时尚。

吴女乐舞坎肩

坎肩原称为吴女背子，前后身衣料为唐花纹锦制成。

演艺半臂袄

通过斜襟乐舞半臂袄的遗存样式，可看到它们的款式和风格比较统一，而花色却多彩靓丽。

演艺半臂袄

红地斜襟和大朵花纹的连衣短裙，是歌者的服饰。

绿地斜襟和葡萄纹的半臂连衣短裙，是舞者的服饰。

紫地斜襟连衣短裙和团花斜襟连衣短裙，都是表演乐舞时的服饰。

斜襟唐花纹演艺半臂短裙服。

绿地大花纹连衣短裙，是歌者的服装。

演艺短裙

红地伎乐围裙

锦袜（左页上二图）。

绣鞋工艺精致（左页下图，右页二图）。

佛像雕塑供佛器具

近代流失于海外的佛教造像之一，此观音头像容貌保存良好，表情端庄，体现了工匠创造的技艺水平和审美情趣皆属上乘。

观音石雕像

此观音石雕像以汉白玉雕琢成，观音的表情安稳如意，虽然缺失双臂，但仍体现了整体的美感。

佛僧石雕像

　　两尊拱手礼拜的和尚立像，造型工整完美，应为同期雕琢而成。表情安祥、可爱，右侧的和尚虽然双手残失，但仍可辨认出原来面貌。

　　和尚礼数端正，穿袈裟站立念经。僧人一心守佛法，普渡众生。佛教文化两千年，充实了人的心灵。这两尊和尚像仿佛祈念人间善行，大地太平。

观音石雕像

隋朝（公元 581—618 年）大势至菩萨像，他盘起单腿，伸掌于上，闭目冥想，似乎在为人间的苦难寻求解决的办法。而单盘端坐的观音，体态完整无损，呈现出脱离世俗、至善至美的形象。

大势至尊菩萨

隋朝（公元 581—618 年）大势至尊菩萨，斜首盘坐沉思，翘脚出神入化，左臂虽然缺失，整体仍可辨认。

观音群像

　　这群流失海外的观音造像，均为大体量的杰作，令人肃然起敬。隋唐时期皇家头面人物才可能有力量创造如此大规模和高质量的群体造像。菩萨们姿容端庄，装饰得体，体态落落大方。

供佛铭文碑造像

这座大型铭文碑记载的供养者应为上层贵族世家，其铭文记录了参与供养人众多的名单，可辨认出人数及姓名，这是信仰佛教的家族的记录。石碑铭文与浮雕像，记录了唐人信奉佛教的真实情况，刻画着佛陀与弟子们的说法故事。

如来三尊佛浮雕像

唐代陕西省西安市宝庆寺石灰岩雕佛教造像群之一，原为长安城光宅寺用于祭祀的群像之一。武则天（在位时间为公元690—705年）所创建的寺庙群中，有30座以上的佛像群安置在此，其后被移动到城内宝庆寺。佛像风格为正统派。

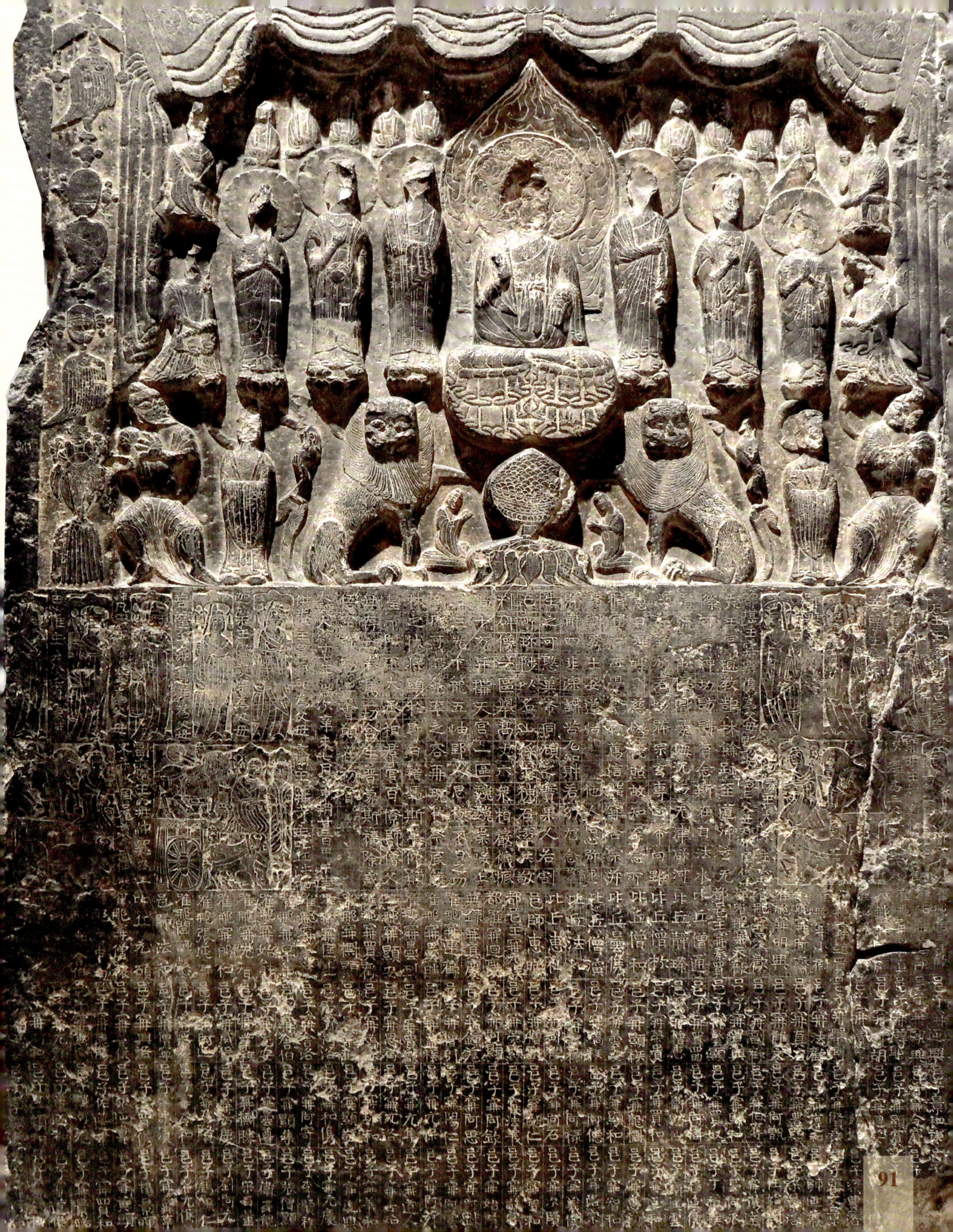

金刚天神石雕像

此金刚天神雕像，造型敦实厚重，保存完整，人物面部表情生动，体魄强健有力，脚下镇踏一群魑魅，其寓意是保护佛界的平安吉祥。

三彩镇墓文官武将立像

三彩陶瓷人物像，包括镇墓的文官和武将立像，冠帽衣饰款式清晰，人物面部表情凝重威严，拱手于胸前，仿佛随时听候调遣。它揭示了王侯们生前的宫廷生活场面。

三彩镇墓文官武将立像

这组文武人物像与流失于海外的三彩镇墓文官武将立像属同一类别，是国内现在不多的遗存，款式与前者略有不同之处，然而应为同一角色，保存良好。这些彩像是我们了解大唐盛世的皇家墓葬习俗的宝贵资料。

放鹰三彩瓷像和宫廷侍从三彩瓷像

　　观看宫中的年轻奉职者，服饰在学胡服款式，身穿大翻领长袍，头顶翻耳高边帽，拱起的双手表示他们的礼节。

三彩镇墓武将像／女官像

三彩宫女像／宫廷侍从放鹰像

唐代女性爱穿罗纱袍，足蹬高头绣花履，头发梳簪。
唐代皇室有驯鹰的习俗，这是受到中亚文化的影响。

佛具装饰荷花

　　这具木雕彩绘的荷花造型是漆金箔的绘盘，用于佛前焚香制作的炉盘，底为岩座，各段莲瓣各有八枚，分四段组成，莲瓣为木制彩绘，纹饰华贵。

　　以木刻手法做成的莲花枝叶与花蕾，用于庙宇中常年供奉佛祖和祭祀各路神灵。

塔形盒

这具塔形盒使用黄铜制造，工艺手法是通过辘轳等均匀法造型后合制而成。这类塔形盒一般为五重或七重，是礼佛时使用的重要器具。

塔形盒顶部

熏香炉

　　紫檀金钿柄熏香炉，为佛前行道僧侣手持式香炉，做工极为细致，巧妙融合了异域和大唐的风格，体现出唐代融汇百川的盛世气度。

熏香炉局部照

鎏金银盘

鎏金银盘，是供佛献物的容器，为波斯风格，盘盖顶端钮为含苞欲放的莲花，盘体以花草纹的透雕花形装饰。

熏香炉

此香炉的球形体以银锻造而成，施以透雕花草纹，在花草的背景里，凤与雄狮的图案点缀其中，物体的存在感强烈。此银制球形体分为两半，球中有一铁炉，铁炉中可焚香，安于下半球，因而，无论如何滚动，都可以保持香火的稳定性，制作工艺甚为精妙。

熏香炉内部图

熏香炉狮纹图

镀金铜花

左右两页展示的鎏金铜花，属于庙堂供佛活动的装饰物的残片，原应是铜幡和铜伞帘的一部分，根据其上残留的风铃，可知它们是一种悬挂发声的装饰物。

菱形十二曲高脚盘

这是一个边沿菱形十二曲纹的鎏金高脚盘，用于佛事法会盛装供品。高脚盘以铜锻造，铜板切形锻造后，再衔接以支脚。工艺装饰手法为波斯风格，鱼子状背景，花形纹布满盘体外表，是存世不多见的唐代器物之一。

金铜六曲花形碗

铜板锻造的六瓣花形小碗，碗边的花瓣外缘为菱形，花瓣连接部为猪眼形的透孔，碗体外部的花形图间，施以鱼子状背景，碗底则为两层连珠纹。此碗应非饮食所用，而是盛装某种物品的容器。

六花形银镀金盘

这是六花形的银制盘，部分纹饰镀金，直径60.5厘米，高13.2厘米。盘面中央是带有犄角的鹿形图，盘的边沿是以三朵为一组、共分六组花纹配置起来的装饰纹形。外缘端部从小孔中垂下的璎珞，是以银线和绢纽将彩色玻璃和水晶玉串制而成的。整个盘体采用了捶打的工艺。

镀金铜花盘 / 镀金铜花碗

　　近代陕西省出土的器物，经辨别同为波斯工艺手法，器体表面饰以鱼子纹的背景，唐花草纹布满物体表面，立为王侯们使用的华贵器具。

银质镀金杯

此杯为银质镀金，与西域粟特人的乐伎杯制法属同类工艺。杯体外侧上部为唐代宫廷皇家的贵妇赏花赏乐和勇士的射猎活动图案，杯体下部外表以花枝纹装饰，内底是鱼兽纹，杯把表面是花朵和梅花鹿纹。

铜质镀金花瓶（左页图）／铜质镀金酒杯（右页图）

近代出土的墓葬器物，以波斯人的工艺手法制造而成，鱼子纹背景，花草纹装饰，整套器物具有多种款式且造型多样，是只有王侯们才有可能使用的华贵器物。

铜质镀金酒杯

唐毛毡

两条毛毡遗存（左二图），花色为波斯风格。

羽毛屏风饰物（右图），以篆书、楷体字型与花鸟纹相间，紫地团花纹边沿。

三彩陶瓷器物遗存

三彩陶枕／三彩陶钱柜

上图为三彩陶枕，下图为钱柜，皆为近年于河南省洛阳城附近出土的遗物。唐代制作的这些陶瓷器，记录了盛世东都洛阳人民的智慧与风物格调。

三彩陶高脚瓶／三彩陶蜡烛台

洛阳唐人的高脚瓶，是三彩陶艺独具一格的作品。

三彩陶蜡烛台造型敦实，功能实用，色彩斑斓而美观。

玉石画轴装潢遗存

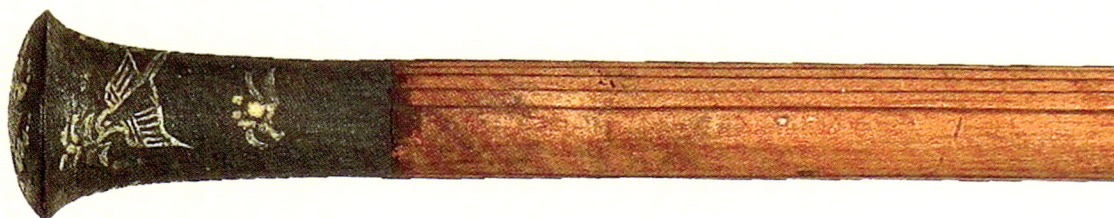

玉石彩图书画轴

书画裱糊所用卷轴，使用各色玉石和木料制成，轴柄绘制有花鸟图案。

117

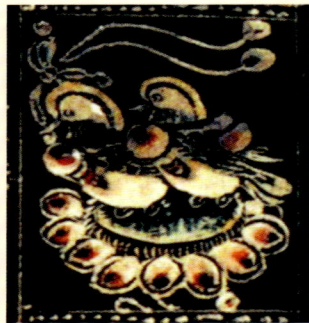

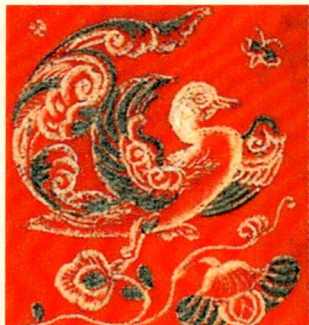

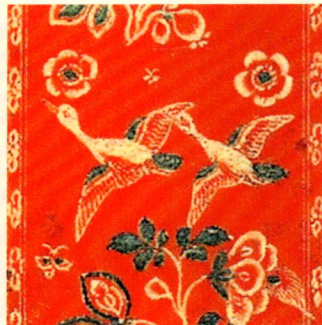

唐牙尺与局部纹饰

　　这里展示的彩色图绘象牙尺是唐代的传世精品，尺的周身采用工笔画法，彩绘纹饰十分细腻，不论是花鸟瑞兽或是等距离的团花，都十分惹人喜爱。侧面则以飞云纹装饰完整。仅从局部的图像里，就能感受到唐代的画风雅趣。

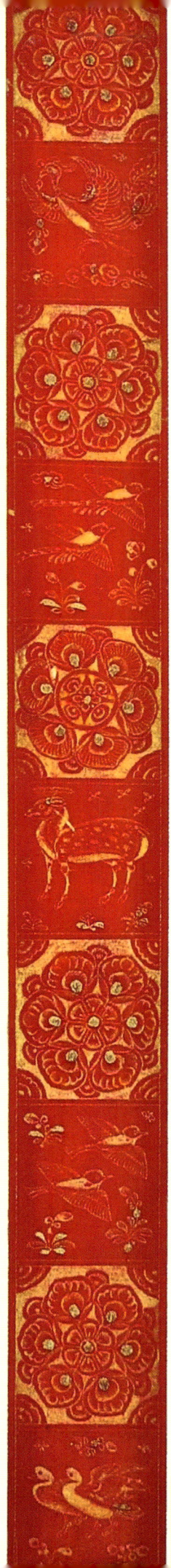

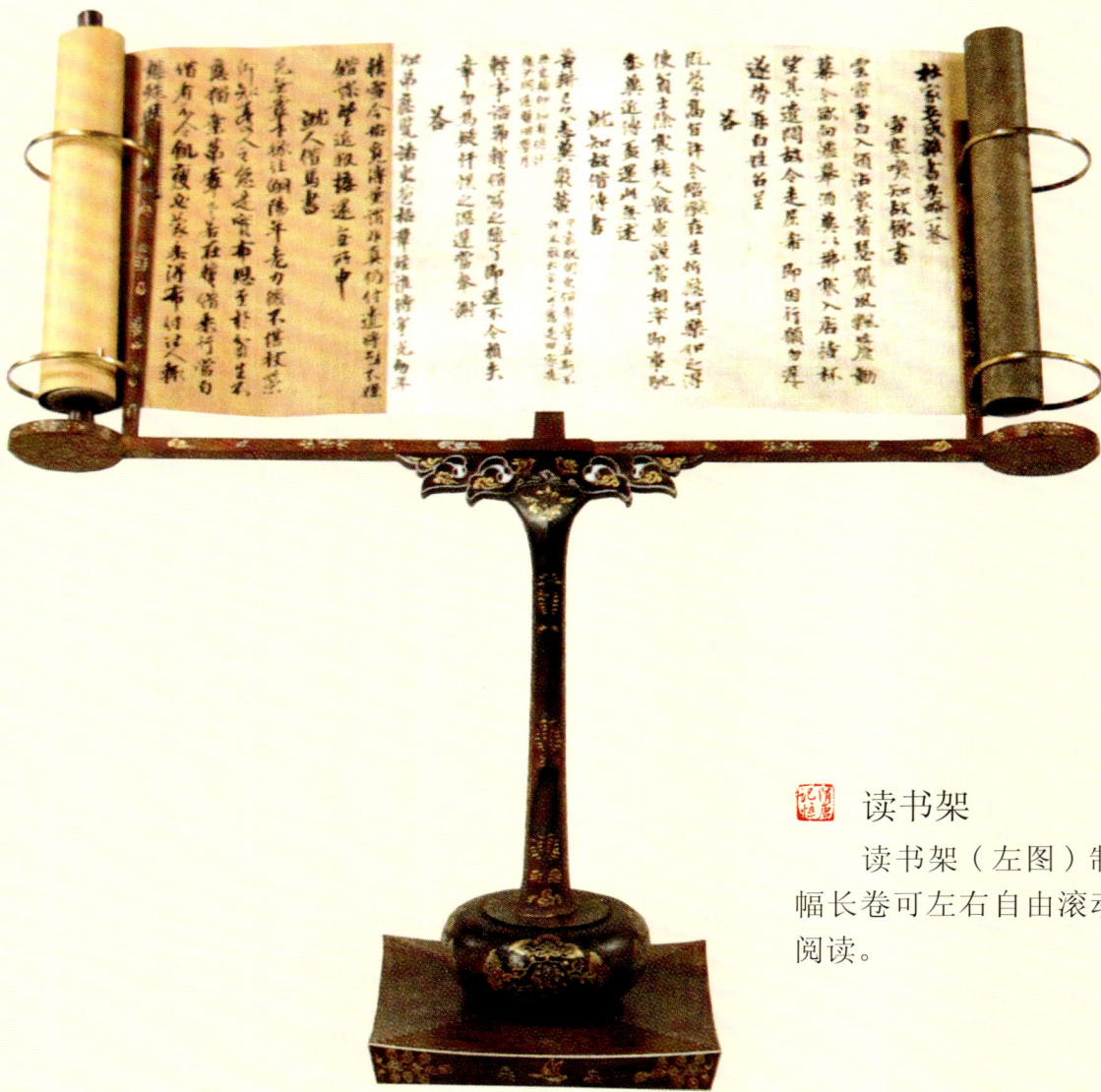

読書架

　　読書架（左图）制作精巧，横幅长卷可左右自由滚动，边移动边阅读。

毛笔（左图）

羊毫毛笔，利用了花纹丰富的斑竹笔杆与笔套配套制作而成。

青斑石砚台（右图）

精制的象牙装饰紫檀架，托起青斑石砚台，风格古朴，是文房四宝中的珍品。

镇石

唐代遗物，材料为灰斑石，风格古朴。

这些宫中的文物，制作精良，风格多样，运用多种工艺手法精雕细刻而成。

桑木象牙饰彩绘棋盘

黑棋子为蛇纹岩材料磨制，白棋子为石英石磨制而成。

紫檀象牙饰围棋盘

纵横十九条线与十八排方格的规制与现代棋盘无异，装饰华美雅致，附龟形棋子盒。

红与黑彩绘棋子

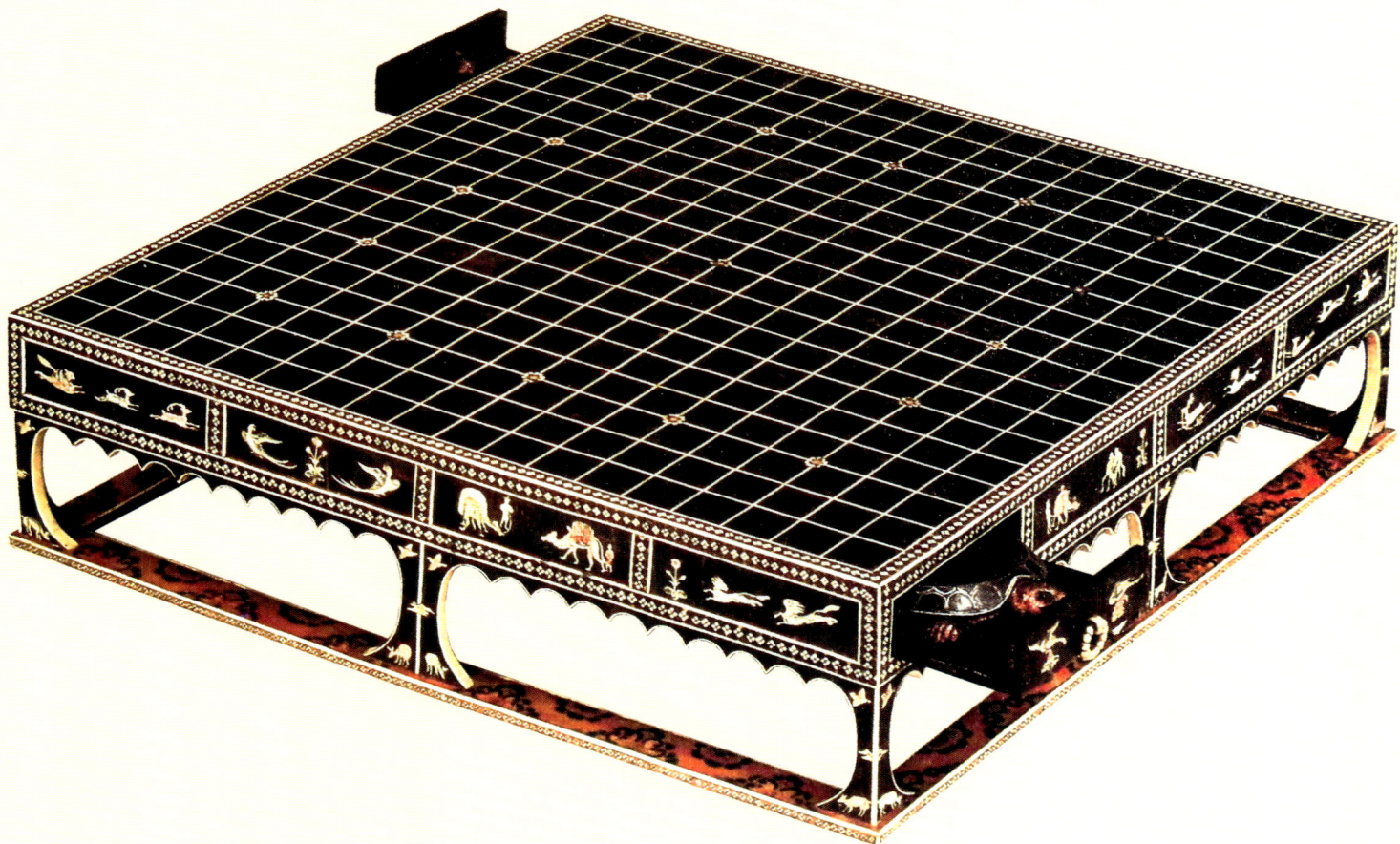

紫檀象牙饰双六局棋桌

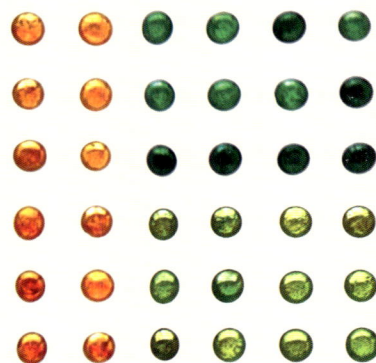

琉璃双六局棋子

双六是中国古老的棋类游戏。

供佛方桌（上图）

　　原称为苏芳地金银绘花形方几，这些花形色泽各异、美观雅致的供佛桌几，反映了上流社会所追求的审美趣味。生活富足奢华，所用器具也都极尽装饰之能事。

供物桌

绿面花边桌

粉边彩绘方桌

金银绘长花形几

造型奇美，其边沿弧线相接，几脚翘曲，花色典雅，为供佛使用。

烤火盆

　　原称为火舍，烤火盆为汉白玉雕琢而成，火盆足部为狮形金属铸造，当时的贵族们使用木炭取暖，既清洁、安全又方便。

赤漆木胡床

　　这是一把大型的四脚椅子。高栏椅背，藤编椅面，铜花金属护件纹饰，背景用鱼子纹，应为高僧或贵族人物所用。原物损坏，此件为修复品。

灯笼存放箱

用木材制作，框架彩绘花纹，色泽优雅明丽，这样把灯笼存放起来可以方便使用。

平螺钿背圆镜

这种螺钿与宝石装饰的圆镜为盛唐的传世品，经过对其采用的白铜和锡等成分的测试，可判定其使用了中国前汉至盛唐时期标准的制造工艺。螺钿的花心部镶嵌的是琥珀，背景以孔雀石（也称为土耳其石）和碎螺钿布满空隙之处。其中有的螺钿背圆镜总重量达三斤十二两（约合2.1千克）。

平螺钿背圆镜

螺钿背圆镜

白铜制，镜背以螺钿和琥珀工艺装饰，并施以金泥彩绘，是标准的唐镜高级工艺品。

唐纹铜镜

这是一面稀有的铜镜，镜背的图纹为车马出行、女伎奏乐、舞者跳舞、花开鸟鸣的歌舞升平场面。这是南传于越南的稀有物品，甚为珍贵。

花草纹背铜镜

山水人物鸟兽纹背铜镜

白铜铸造的铜镜，利用阴刻手法，因此又被称为海几镜。镜背图纹是山岳飞云与大海波涛，舟上有打渔人，水中有水鸟嬉戏，树茂草深的山腹中，有鹿在休息。

鸟兽纹背方镜

金银山水八卦背八角镜

四面配有山岳纹，其中有两条盘龙、琴人与鹤、笙师与凤鸟，外围赋有五言律诗，并且运用双钩体字形。

山水动物背银镜

　　镜背铸有山水间的飞鸟，与梅花鹿和玉兔等在树林中活动的画面，纹饰稀有，保存良好。

黄金琉璃钿背十二棱镜

　　唐代铜镜工法多种多样，分为平脱、螺钿、银贴、七宝等，唯这面宝镜使用了七宝工艺背（类似珐琅瓷的一种）工法。丰富的镜背色彩与图案美丽大气，甚为豪华。

　　这面宝镜的金色部分使用了金板镶贴和鎏金手法，迄今为止，于中国没有发现第二例相同对象，是一件稀有的宝物。

宫中物品收藏盒具

六箱
唐代装物品的箱柜。

碧地金银绘箱内图

彩绘紫檀箱

　　这种带有脚架的木箱，工艺手法极为复杂，高度精密，除木工外，还采用了绘画和镶嵌的细腻工艺手法。

硬木收藏箱

外表由深浅不同的几何形块状体拼接而成，箱体图案采用乳白色的牙饰框线等工艺，底架是青白两色的花纹，工艺卓绝。

硬木收藏箱局部

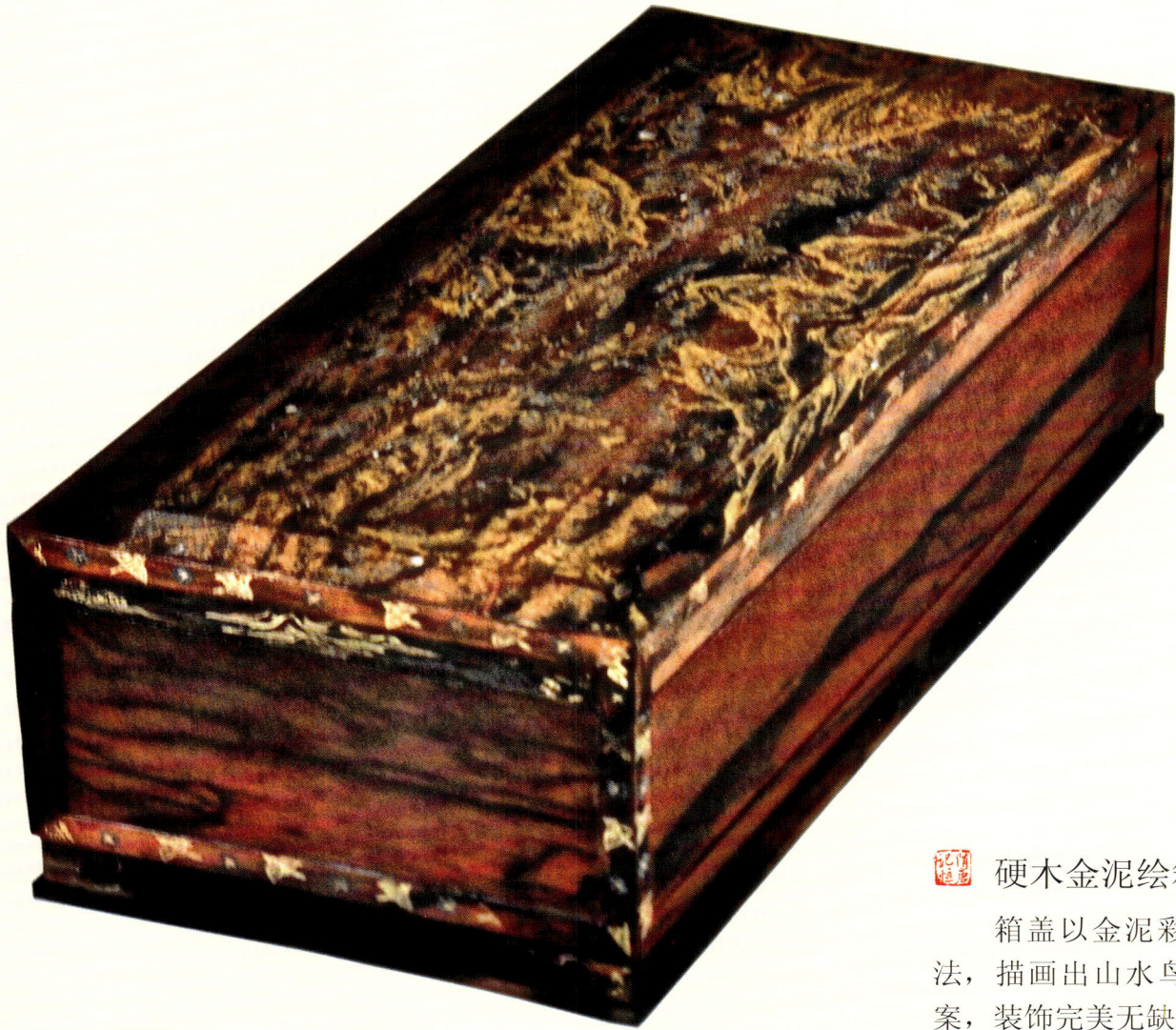

硬木金泥绘箱

箱盖以金泥彩绘的手法，描画出山水鸟树的图案，装饰完美无缺。

硬木金泥绘箱盖

绿地彩绘箱

用以供佛献物使用，箱面装饰以绿底与细密绘的花形，底架的作用是通风防潮。

朽木箱

苏芳地彩绘箱

供佛献物使用的美丽箱具，以杉木制成，细密的花草和玳瑁纹，与金泥绘的箱脚装饰，使得这一供佛箱具显得光彩夺目。

密陀彩绘箱

这只箱子的表面，以圆形的主纹与菱形的副纹彩绘描画之后，再以生漆涂封整体画面，同时使用了鎏金的铜锁，使得箱具华美贵气。

藤编围棋箱

原称为涂缘篦簏双六局，是唐代的一种简易围棋，此箱是围棋的容具。箱体以细藤条编织而成，并以黑褐相间的两色生漆涂绘成几何形的花纹和黑色的边沿。藤编是我国南方和东南亚一带的传统工艺。

御书箱

以白葛编织，素地加苏芳染（一种染色工艺）点缀菱形花纹。

密陀绘皮箱

供佛献物的用具，是以外层的皮革和内层两层麻布粘贴而成的正方形皮箱，表面以银泥绘制成植物形花纹，并施以透明漆封护。

粉底彩绘箱

这是供佛献物的容器，以桧木制作，绘有彩色植物形复瓣花纹，带有脚架。

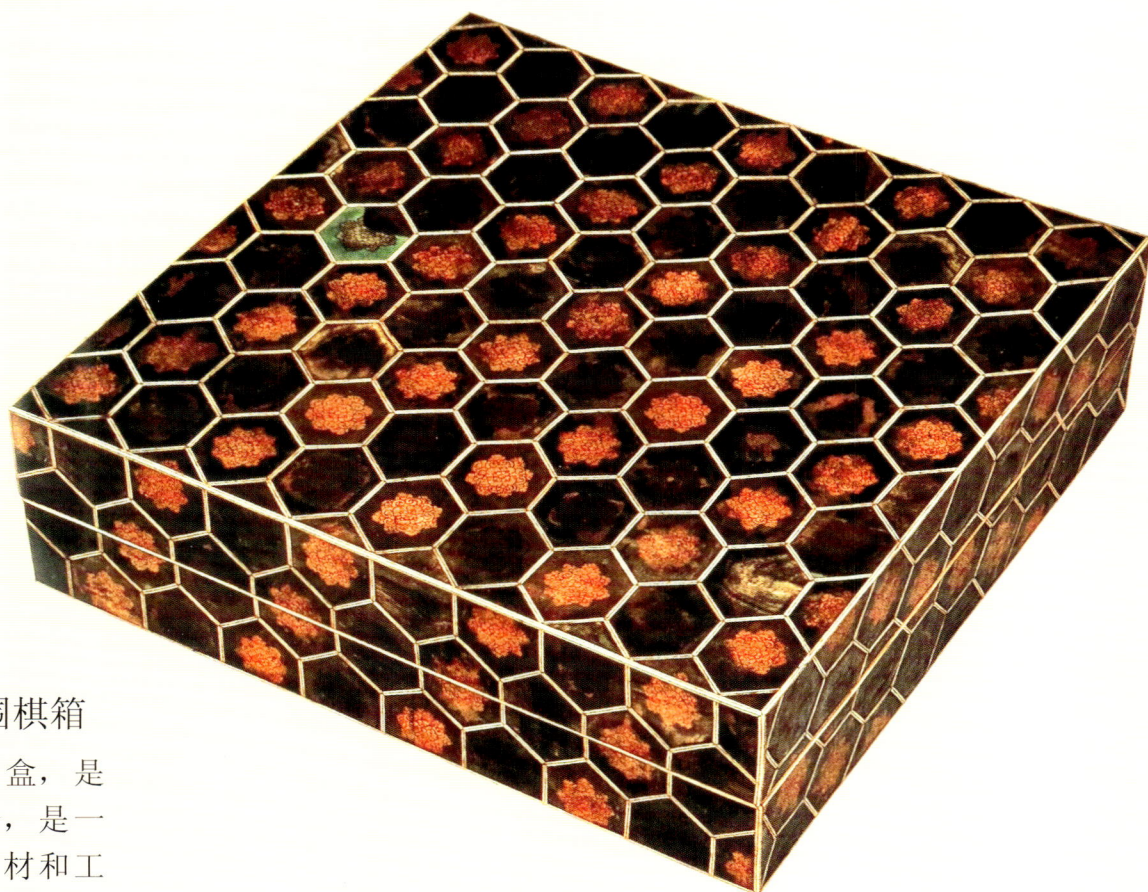

木画紫檀围棋箱

原称为棊局盒，是盛装围棋的盒子，是一件利用了多种素材和工艺手法的佳品。

螺钿玉带盒

　　此盒用于收藏玉带，工艺讲究，装饰性强，使用了唐代流行的装饰法。除了镶嵌有螺钿外，还利用了水晶与彩绘的手法。以八团花枝纹连接团花中央，增添一个大团花组成画面，边缘使用一圈半团花形的图案，内侧则贴唐锦为内衬，整体装饰完整华美。

银平脱镜盒

盒体为木制，银线平脱工艺，以云彩花草和鸟蝶为装饰物，生漆平涂，制作成外体圆形、内层为八棱形的镜盒，工艺相当复杂。

黑漆镜盒

凤鸟花草纹银平脱镜盒

　　盒体为木制，银线平脱工艺，以凤鸟花草纹为装饰物，生漆平涂，制作成外体为八棱形的镜盒，工艺复杂。

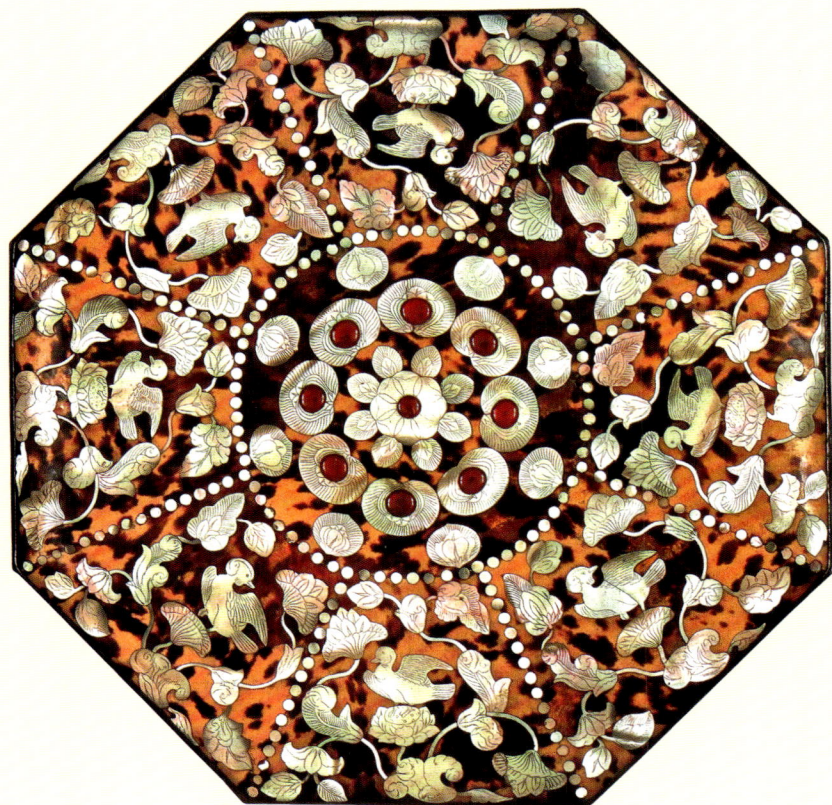

玳瑁盒

　　这一稀有玳瑁盒，其制作
工艺用材以玳瑁板贴于盒体表
面，将螺钿花形镶嵌于其中，
并显出透金的效果。盒子周身
工法统一，在每一个团花的中
心都以红琥珀点缀，恰到好处
又引人注目。盒子的表面和侧
边有飞鸟和鸳鸯的形象嵌在侧
边的图案里，作品显得生气勃
勃。隔格镶嵌同样的图案，工
艺造型高度统一。这是传世的
珍品。

玳瑁盒盖

波斯琉璃器具遗存

![印] **绿琉璃十二曲长杯**

　　长椭圆形的琉璃制器皿。背面雕刻有南方植物的纹样，侧面为鼓突的叶脉状，材质使用了包含较多氧化铅的琉璃，绿色则是因为掺和了铜的成分。器物壁较厚。此类物品在中国隋唐时期生产较多，造型为波斯风格。

白琉璃碗

多数专家认为这是公元 6 世纪前后，波斯人用厚壁切削的手法制作的玻璃器皿。此碗也是丝绸之路东传之物。

琉璃杯

造型为葡萄酒杯状，具有银座镀金的支撑台脚，杯体材料为碱性石灰质的玻璃，杯面的贴环形装饰物工艺高超，杯座使用莲瓣形的花纹，台脚用较粗的鱼子纹为背景，应为西亚人的工艺。

金银花水瓶

传统波斯风格的鸟头圆肚形瓶。它有着稳定的底座与方便的提梁，褐漆平铺和金彩描绘手法并用，瓶体装饰以花草雁鸟麋鹿等图案，美丽而雅致。通过 X 线图，可以证实其工艺手法是以金属性的金泥彩绘。

金银花水瓶 X
线透视图

螺钿紫檀槽五弦琵琶

这件乐器完全按照唐代遗存的实物复制而成。经过数年的工夫，经由音乐家刘宏军与专家、工匠们多年的研究和反复试验，使用了多种工艺手法制作完成，可以用于实际演奏。五弦琵琶始见于印度，经丝绸之路自西域传入中国，原件是世界唯一的传世珍品，闻名遐迩。本物系为复兴先人的不朽音乐文化而重新复制而成，用于国内外的重要舞台表演。

螺钿紫檀槽阮咸

　　这件乐器完全按照唐代遗存的实物复制而成，由音乐家刘宏军与专家、工匠们经过多年的研究而复制成功，使用了多种工艺手法，可以用于实际演奏。阮咸是中国古代本土乐器，在距今 1300 多年前活跃于宫廷。

螺钿枫木槽琵琶（左页图）／螺钿紫檀槽琵琶（右页图）

这四个琵琶都是传世的名器。

螺钿枫木槽琵琶的面板皮画极为有趣，图案上可以看到传说中的玄象，骑象的男童吹笛，一老者手拍腰鼓，另一男童站立起舞，远处山谷的雁群似要飞去，山谷中的河水和山崖上的青松，都为风景带来了生气。

发源于古波斯的四弦曲颈琵琶，由丝绸之路经古西域传入内地，当时在长安城里曾有多位演奏名手。白居易等诗人也曾在诗中描绘过。

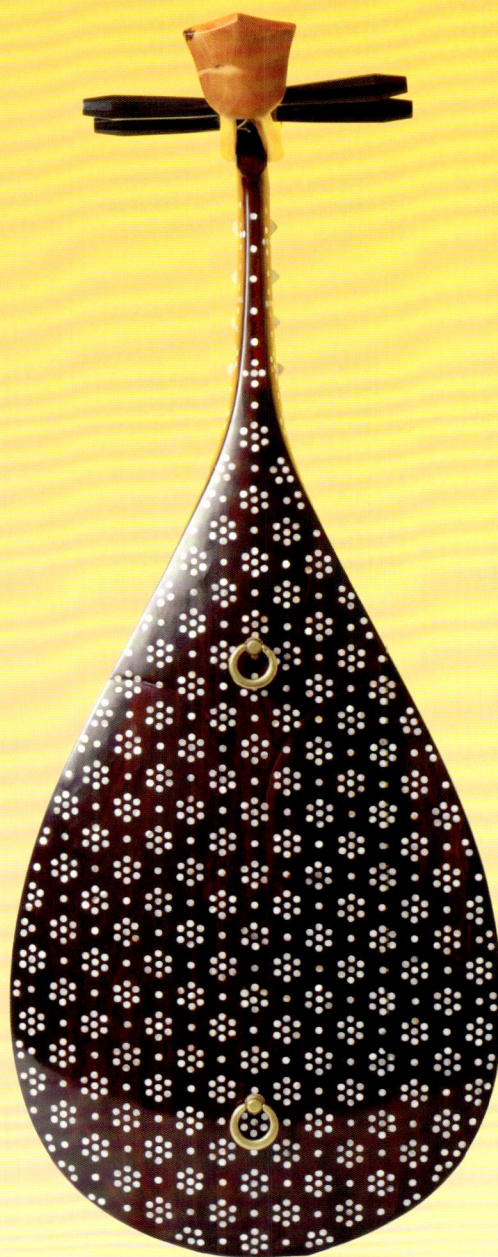

这面螺钿紫檀槽琵琶，琵琶背槽上有吊环，可利用吊带挂在肩部放于胸前，骑马或骑骆驼时都能弹奏，因而曾有"马上琵琶"的称谓。音乐家刘宏军与专家和工艺师们，经多年研究复制而成。

象牙紫檀槽琵琶（左页图）／漆画箜篌（右页图）

　　这面象牙紫檀槽琵琶和漆画箜篌是传世珍品，于 1300 多年前由遣唐使东传，音乐家刘宏军与专家和工艺师们，经多年研究复制成功。这两件乐器均使用丝弦张弦，音韵浑厚悦耳，使我们感受到了古人高明的视听觉审美水平。

漆画箜篌（仿制品）

"迦陵频"演出剧照

　　据传是唐代的林邑八乐之一，舞姿优美，并另有迦陵频伽、不言乐和鸟的简称。舞蹈由四个孩童表演，将鸟的翅膀背在后背上，脚上装上鸟爪，两手拿着小铜镲，一边敲着铜镲一边跳着舞，该舞蹈深受皇家宫廷的喜欢。

唐乐队演奏照（古乐新声的乐府群像）

音乐家刘宏军与合作者创建了"天平乐府"和"凤凰乐府"，成功复制了中国唐代宫廷的乐器和衣饰，将东方的宫廷艺术推上了世界的舞台。乐声、舞态震撼人心，由中国、日本、韩国的音乐家和舞蹈家们共同组成的乐队和舞队，气象新颖，乐声典雅庄重，舞姿优美迷人。这些古代宫廷的乐声和舞姿，穿越了时空，把人们带进了一个精美绝伦的梦境。

后　记

　　本书取材，主要得益于日本正仓院事物所对于收藏品的资料使用许可，也得益于几位优秀的画师协助将古乐舞的图绘以临摹和修复的手法，展现于今人的面前。在此基础上，笔者与同人在相关的博物馆拍摄了大量重要的历史文物图像，并对这些资料进行了认真的研究，进而编辑成册。多年来的追寻和调查表明，古代隋唐时期丝绸之路东传与近代流失于海外的贵重文物，是人们不可忘怀的历史文化遗产。它们是不可或缺的历史文化信息，了解它们的轨迹和形象，便可充实我们的精神世界。让这些宝物复归原主，或只是追寻、记录这些随着历史变迁而流失的文化，都是时不我待的重要工作。

　　借此，我首先要感谢为笔者常年工作的李臣英女士；感谢日本正仓院事务所前所长米田雄介博士和现任所长彬本一树博士的极大理解和鼎力协助；感谢记录并保存了唐代宫廷资料的友人们所提供的内部资料，才能再现那些鲜为人知的历史人物和器物的信息。这些实物、画卷填补了中国文化艺术史上那些曾被以为是逝去了的空白篇章，弥足珍贵。在此，更应感谢我的恩师于继学先生，是他将我引入多学科的领域；感谢赵宋光先生，他所介绍的具有扎实学识的精英人士让笔者受益良多。古代的灿烂文化靓丽迷人，愿它们重生重长，愿它们重放光辉。

　　本书中的图像使用已得到有关部门和人士的许可，如有个别图像未标明出处等，敬请谅解。如果本书仍有错误或疏漏之处，敬请读者指正。

刘宏军

天平乐府乐团演奏局部照

致　谢

中国： 中国文物大系、唐代文化、隋书乐志、通典、旧唐书乐志、中国音乐词典、宋乐府诗集、中国音乐图书目录、中国文物大系、唐代文化、中日音乐交流史、台湾故宫博物院图录、唐代宫廷秘史、唐诗选、敦煌琵琶谱、敦煌壁画图文集、青州博物馆条目、南京博物院条目、陕西省博物馆条目、河南省博物院条目、上海博物馆条目、国家博物馆条目。

日本： 正仓院展图录、正仓院的乐器、宫内厅古乐谱、雅乐的设计、宫中雅乐、阳明文库五弦琴谱、雅乐事典、雅乐、天平之声、丝绸之路的音乐、阳明文库琴歌谱、上野学园日本音乐数据室图书目录、仁智要录、乐书要录、正仓院美术馆。

美国： 芝加哥美术馆条目、纽约大都会博物馆条目、斯坦福大学博物馆条目、密歇根大学图书馆条目等。

韩国： 韩国音乐大辞典等。

鸟毛屏风图案之一的女性肖像，以唐中宗皇帝的女儿安乐公主为人物形象而流传下来。

资料协助： 日本正仓院事物所、天平音乐研究所、天平乐府、日本广播协会、［日］永松俊树、日本电视文化振兴财团、韩国首尔国立国乐院、韩国南怡岛刘宏军世界民族乐器展示馆。

摄影： ［日］冈田明彦、［英］麦克尔·科利克思顿（Michael Claxton）、［日］刘宏军。

绘画： 朱伟康、吴建群、秦慧、吴繁、邵立、朱颖、王文文。

图书出版编目（CIP）数据

隋唐记忆 / （日）刘宏军编著；（日）刘宏军等供图 .
—北京：中国科学技术出版社，2015
（中国古老文化寻踪）
ISBN　978-7-5046-6853-0

Ⅰ．①隋… Ⅱ．①刘… ②刘… Ⅲ．①服饰文化—介绍—中国—隋唐时代
Ⅳ．① TS941.742.4

中国版本图书馆 CIP 数据核字（2014）第 305426 号

著作权合同登记号：01-2014-7720

作　者	［日］刘宏军
供　图	［日］刘宏军等
统　稿	黄明哲
校　阅	隋　郁
审　定	罗　哲

出 版 人	苏　青
策划编辑	肖　叶　胡　萍
责任编辑	胡　萍　张　莉
封面设计	朱　颖
封面供图	［日］刘宏军
装帧设计	朱　颖　王文文
责任校对	林　华
责任印制	马宇晨
法律顾问	宋润君

中国科学技术出版社出版

http://www.cspbooks.com.cn

北京市海淀区中关村南大街 16 号

邮编：100081

电话：010-62173865　传真：010-62179148

科学普及出版社发行部发行

鸿博昊天科技有限公司印刷

*

开本：635 毫米 ×965 毫米 1/8　印张：21　字数：336 千字
2015 年 1 月第 1 版　2015 年 1 月第 1 次印刷
ISBN　978-7-5046-6853-0/TS · 73
印数：1-3000 册　定价：148.00 元